suhrkamp taschenbuch 4750

Zusammen liest man weniger allein ist ein Vorlesebuch für Paare. Es richtet sich an zwei, die sich näherkommen wollen, ohne das blaue Flimmern eines Bildschirms, ohne großen Aufwand, in Ruhe und nur mit Hilfe der eigenen Stimme und guter Literatur. Jedes Kapitel in diesem Buch widmet sich einem Ort des Alltags, versammelt namhafte Autorinnen und Autoren und lässt sie erzählen: vom Schlafzimmer, vom Café und vom Park, vom Strand, Auto, Flugzeug und vom Bett ... charmant, geistreich, immer unterhaltsam. Und zur selben Zeit eine Einladung, dieses Buch an den eigenen Orten des Alltags auszupacken und sich vorzulesen.

Zusammen liest man weniger allein

Ein Vorlesebuch für Paare

Herausgegeben von
Simon Lörsch und Anna-Lena Panter

Suhrkamp

2. Auflage 2017

Erste Auflage 2017
suhrkamp taschenbuch 4750

Nachweise am Schluß des Bandes
Umschlaggestaltung: hißmann, heilmann, hamburg
Umschlagillustration: Andrea de Santis
Satz: Satz-Offizin Hümmer GmbH, Waldbüttelbrunn
Druck und Bindung: CPI – Ebner & Spiegel, Ulm
Printed in Germany
ISBN 978-3-518-46750-3

Inhalt

Im Schlafzimmer Wenn ich aufwache, steht mir der Mund offen. Meine Zähne sind belegt: es wäre besser, sie am Abend zu putzen, aber das bringe ich nie über mich. In meinen Augenwinkeln eingetrocknete Tränen. Die Schultern tun mir nicht mehr weh. Ein Haarschwall bedeckt meine Stirn. Mit gespreizten Fingern streiche ich ihn zurück. Ohne Erfolg: wie die Seiten eines neuen Buches richtet er sich auf und fällt mir wieder über die Augen.

Den Kopf senkend, merke ich, daß mir der Bart gewachsen ist: er sticht am Hals.

Ein Wärmegefühl im Nacken, bleibe ich auf dem Rücken liegen, die Augen offen, die Leintücher bis zum Kinn, damit das Bett nicht auskühlt.

Der Plafond ist bedeckt mit Feuchtigkeitsflecken: er ist so nah am Dach. Die Papiertapete wirft sich hier und da. Meine Einrichtungsgegenstände gleichen jenen der Trödler auf den Trottoirs. Das Rohr meines kleinen Ofens ist umwickelt mit Lappen wie ein Knie. Am oberen Rand des Fensters hängt schief ein Rollvorhang, außer Funktion.

Indem ich mich ausstrecke, spüre ich an den Fußsohlen – ein bißchen wie ein Seiltänzer – die vertikalen Stangen des Gitterbetts.

Die Kleidungsstücke, die flach auf meinen Unterschenkeln liegen, sind nur auf einer Seite warm. Meine Schuhbänder haben keine Eisenstifte mehr.

Wenn es regnet, ist das Zimmer kalt. Es ist, als hätte niemand da gelegen. Das Wasser, das durch alle Fensterkaros eindringt, nagt am Kitt und bildet eine Lache auf dem Boden.

Wenn dann die Sonne – nichts sonst am Himmel – aufstrahlt, wirft sie ihr gelbes Licht mitten ins Zimmer. Jetzt ziehen die Fliegen auf der Diele tausend gerade Linien.

Jeden Morgen, beim Aufräumen, singt meine Nachbarin, ohne Worte. Ihre Stimme wird gedämpft durch die Mauer. Ich habe den Eindruck, mich hinter einem Grammophon zu befinden.

Oft begegne ich ihr auf der Stiege. Sie ist Milchfrau. Um neun Uhr kommt sie, Tropfen von Milch auf ihren Filzpantoffeln, und bringt ihr Zimmer in Ordnung.

Ich mag die Frauen in Pantoffeln: die Beine wirken nicht so unnahbar.

Im Sommer: die Träger ihres Hemds unter der Bluse, und eine Ahnung ihrer Brüste.

Ich habe ihr gesagt, daß ich sie liebe. Sie hat gelacht, sicher weil ich nichts gleich sehe und arm bin. Sie zieht die Männer vor, die eine Uniform tragen. Sie wurde beobachtet, wie sie die Hand unter dem weißen Koppel eines *garde républicain* hatte.

Ein anderes Zimmer ist belegt von einem alten

Mann. Er ist schwer krank und hustet. Sein Stock hat unten einen Gummiaufsatz. Seine Schulterblätter bilden hinten zwei Höcker. Eine Ader läuft über seine Schläfe, zwischen der Haut und dem Knochen, reliefartig. Sein Rock reicht nicht mehr bis an die Hüften und flattert, als seien die Taschen leer. Dieser arme Kerl schleppt sich von einer Stapfe zur andern, ohne dabei das Geländer loszulassen. Kaum daß ich ihn bemerke, atme ich tief ein, um an ihm vorbeizukommen, ohne dabei Luft holen zu müssen.

Sonntags besucht ihn seine Tochter. Sie ist elegant. Das Futter ihres Mantels gleicht dem Federkleid eines Papageis. Es ist derart schön, daß ich mich frage, ob sie den Mantel nicht verkehrtherum trägt. Und ihr Hut muß viel wert sein, denn seinetwegen nimmt sie bei Regen ein Taxi. Diese Dame duftet nach Parfum, nach dem echten Parfum, nicht nach jenem, das in Glasröhrchen verkauft wird.

Meine Mitmieter schauen auf sie herab. Sie sagen: statt das große Leben zu führen, täte sie besser daran, ihrem Vater aus der Misere zu helfen.

Sonst wohnt auf der Etage noch die Familie Lecoin. Früh am Morgen schallt von dort ein Weckerrasseln.

Der Mann mag mich nicht, obwohl ich doch höflich zu ihm bin. Er hat etwas gegen mich, weil ich so spät aufstehe.

Seine Arbeitsmontur zusammengerollt unter dem Arm, kommt er jeden Abend gegen sieben nach Hause und raucht dabei eine Zigarette aus englischem Tabak – was die Leute sagen läßt, daß die Arbeiter gut verdienen.

Er ist groß und stark, und seine Kraft kann, so man zu einem entsprechenden Kompliment bereit ist, von Nutzen sein. Im letzten Jahr hat er den Reisekoffer einer Dame aus der dritten Etage hinuntergetragen, wenn auch unter Schwierigkeiten, denn der Deckel ging nicht zu.

Wenn jemand mit ihm redet, fixiert er ihn, weil er argwöhnt, der andre wolle sich über ihn lustig machen. Beim kleinsten Lächeln sagt er:

– Sie müssen wissen ... vier Jahre Krieg ... ich. Die Deutschen haben mich nicht gekriegt ... Und auch Sie werden mich jetzt nicht drankriegen ...

Eines Tages, im Vorbeigehen, hat er gemurmelt: »Nichtstuer!« Ich bin blaß geworden und habe keine Antwort gewußt. Die Angst, einen Feind zu haben, ließ mich eine Woche lang nicht schlafen. Ich bildete mir ein, daß er eine Gelegenheit suchte, mich zu schlagen; daß er mir ans Leben wollte.

Wenn doch M. Lecoin von meiner Zuneigung zu den Arbeitern wüßte, von meinem Erbarmen mit ihnen. Wenn er wüßte, mit wieviel Entbehrungen ich meine kleine Unabhängigkeit bezahle.

Er hat zwei Töchter. Wenn er sie schlägt, dann mit den bloßen Händen, zu ihrem Wohl. In ihren Kniekehlen zeigen sich die Sehnen. Ihre Hutbänder sind aus Gummi.

Ich mag Kinder. Auch wenn ich diesen zwei Mädchen begegne, spreche ich sie an. Dann weichen sie zurück, und flüchten plötzlich, ohne Antwort.

Jeden Dienstag wäscht Madame Lecoin im Flur die Wäsche. Der Wasserhahn rinnt den ganzen Tag. Das Geräusch wechselt, je nach dem, ob die Kessel voll oder leer sind. Mme. Lecoins Rock ist aus der Mode. Ihr Haarknoten ist so dürftig, daß man darin alle Haarnadeln sieht.

Oft starrt sie mich an, aber ich bin mißtrauisch, denn wahrscheinlich stellt sie mir eine Falle. Im übrigen hat sie keinen Busen.

Kaum habe ich die Leintücher zurückgeschlagen, setze ich mich auf die Kante. Meine Beine baumeln von den Knien abwärts. Die Poren meiner Schenkel sind schwärzlich. Meine langen, kantig-spitzen Zehennägel: ein Fremder fände sie häßlich.

Ich stehe auf. Mir dreht sich der Kopf, aber dieses Schwindelgefühl vergeht schnell. Wenn die Sonne scheint, steigt eine Staubwolke vom Bett auf und glänzt für kurze Zeit in den Strahlen, wie Regen.

Zuerst ziehe ich mir die Socken an; sonst würden Streichhölzer an meinen Sohlen haften. Mich an einem Stuhl festhaltend, steige ich in die Hose.

Bevor die Schuhe drankommen, prüfe ich ihr Unterleder: wird es noch eine Zeitlang halten?

Hernach stelle ich auf den Kübel die Wasserschüssel, die einen Ring zeigt vom schmutzigen Wasser des

Vortags. Ich habe die Eigenart, mich gekrümmt zu waschen, mit gespreizten Beinen, die Hosenträger lose an den hinteren Knöpfen. Beim Regiment wusch ich mich so im engen Feldkessel. Meine Schüssel ist derart klein, daß, wenn ich beide Hände zugleich eintauche, das Wasser übergeht. Meine Seife schäumt nicht mehr: so winzig ist sie.

Für Gesicht und Hände habe ich ein einziges Tuch. Käme ich zu Reichtum, so wäre das nicht anders.

Einmal gewaschen, fühle ich mich besser. Ich atme durch die Nase. Meine Zähne können sich sehen lassen. Meine Hände werden sauber bleiben, bis zum Mittag.

Ich setze mir den Hut auf. Die Ränder sind gewellt vom Regen. Der Bandknoten befindet sich, gemäß der Mode, hinten.

Ich befestige den Spiegel am Fenster. Ich habe es gern, mich von vorn zu betrachten, im Licht. So gefalle ich mir besser. Meine Backenknochen, meine Nase, mein Kinn sind beleuchtet, das übrige ist im Schatten: als würde ich photographiert bei Sonnenschein.

Besser, sich nicht vom Spiegel zu entfernen, denn dieser taugt nicht viel. Wenn ich weiter weg stehe, verzerrt er mein Bild.

Ich überprüfe sorgfältig meine Nasenlöcher, meine Augenwinkel, meine Backenzähne. Diese sind kariös. Sie fallen nicht aus: sie brechen ab. Mit Hilfe eines anderen Spiegelscherbens erspähe ich mein Profil. Dabei habe ich das Gefühl einer Verdoppelung. Die Filmschauspieler dürften solch ein Vergnügen gut kennen.

Dann öffne ich mein Fenster. Die Tür rührt sich. Ein 1914/18-Druck schabt gegen die Wand. Teppiche, die ausgeschüttelt werden. Bläuliche Blechdächer, Rauchfänge, ein Nebelstreifen, der sich bewegt, wenn ihn ein Sonnenstrahl quert, und der Eiffelturm mit dem Aufzug in der Mitte.

Bevor ich gehe, ein kurzer Blick auf das Zimmer. Mein Bett ist schon kalt. Ein paar Federn schauen halb aus der Decke. In den Beinen meines Stuhls Löcher für Querstäbe. Die zwei Segmente eines Rundtisches hängen herab.

Dieses Mobiliar gehört mir. Ein Freund hat es mir geschenkt, vor seinem Tod. Ich habe es persönlich desinfiziert, mit Schwefel, denn ich fürchte die ansteckenden Krankheiten. Trotz dieser Vorsichtsmaßnahme habe ich lange Zeit Angst gehabt. Ich hänge am Leben.

Ich schlüpfe in den Überzieher; eine recht schwierige Angelegenheit, denn das Ärmelfutter ist zerrissen.

Ich stecke mein Dienstbuch, meinen Schlüssel, mein schmutziges Taschentuch, welches kracht, wenn ich es entfalte, in die linke Tasche. Meine Schultern sind schief: das Gewicht dieser Dinge soll das ausgleichen.

Die Tür läßt sich nicht ganz öffnen. Ich krümme mich zusammen und schlängele mich durch.

Die Kachelung des Flurs ist abgesplittert. Eine Eisenschiene, mit drei Löchern, hängt am Oberlichtfenster. Das Geländer endet an der Mauer, ohne Glaskugel als Abschluß.

Ich steige die Treppe hinunter, entlang der Wand, wo die Stapfen am breitesten sind. Ich halte mich nicht am Geländer fest, damit meine Hände nicht schmutzig werden. Hinter den Türschlössern klappern Schlüsselbünde.

Ich fühle mich leicht, wie sonst nur am ersten Tag des Ausgehens ohne Überzieher. Das Wasser aus der Schüssel befeuchtet noch meine Wimpern und das Innere meiner Ohren. Ich bedaure die, die noch schlafen.

Ich treffe jedesmal die Concierge. Sie hat die Strohmatten auf das Geländer gelegt, um eine Etage zu kehren, oder bearbeitet mit einer gelben Bürste einen Korridor. Ich grüße sie. Sie antwortet kaum, den Blick auf mein Schuhwerk gerichtet.

Nach acht möchte sie allein im Haus sein.

▸ Aus *Meine Freunde* von Emmanuel Bove

Im Bad Im Kampf wider den Pragmatismus und das gräßliche Zweckdenken verficht mein ältester Vetter das Verfahren, sich ein gutes Haar vom Kopf zu reißen, es in der Mitte zu knoten und sanft durch den Abfluß im Waschbecken fallen zu lassen. Sollte unser Haar in dem Rost hängenbleiben, der gewöhnlich in besagtem Abfluß sitzt, genügt es in der Regel, den Wasserhahn leicht aufzudrehen, damit es sich aus den Augen verliert.

Nun nicht gesäumt und auf der Stelle ans Werk gegangen, um des Haares wieder habhaft zu werden! Der erste Handgriff beschränkt sich darauf, den Geruchverschluß am Waschbecken zu demontieren, um zu sehen, ob sich das Haar in einer der Runzeln des Abflußrohrs verfangen hat. Findet man es nicht, muß das Rohrstück freigelegt werden, das vom Geruchverschluß zur Wasserleitung des Hauptabflußrohres führt. Mit Sicherheit werden in diesem Teilstück viele Haare zum Vorschein kommen, und man muß auf die Hilfe der restlichen Familie rechnen, um die Haare nach der Reihe auf den Knoten hin zu untersuchen. Kommt es nicht zum Vorschein, stellt sich das interessante Problem, die Rohrleitung bis zum Erdgeschoß aufzubrechen; das aber bedeutet eine größere Kraftanstrengung, da man acht bis zehn Jahre lang in einem Ministerium oder Handelshaus wird arbeiten müssen, um das Geld zusammenzubringen, das die vier Wohnungen zu kaufen erlaubt, die unter der meines ältesten Vetters gelegen sind, wobei der ungemeine Nachteil ist, daß auch jene acht bis zehn Jahre Arbeit einem die schmerzliche Wahrnehmung nicht werden ersparen können, daß das Haar nicht mehr in der Leitung und nur durch einen unwahrscheinlichen Zufall an einem verrosteten Rohrvorsprung hängen geblieben ist.

Es kommt der Tag, an dem wir in sämtlichen Wohnungen die Rohre aufbrechen können, und monatelang werden wir zwischen Zubern und anderen mit feuchten Haaren gefüllten Behältern wohnen, von Helfern und Bettlern umgeben, die wir großzügig bezahlen, damit sie suchen, sichten, klassifizieren und uns die fraglichen Haare bringen, um die erwünschte Gewißheit zu erlangen. Ist das Haar nicht darunter, treten wir in ein viel vageres und komplizierteres Stadium ein, weil uns der nun folgende Streckenabschnitt zu den großen städtischen Kloaken führt. Wir kaufen einen Spezialanzug, bewaffnen uns mit einer mächtigen Laterne und einer Gasmaske und lernen, uns in den frühen Morgenstunden durch die unterirdischen Kanäle zu schlängeln, erforschen die kleineren und größeren Stollen, wobei uns womöglich Individuen aus der Unterwelt behilflich sind, mit denen wir Verbindung aufgenommen haben und denen wir einen Großteil des Geldes werden geben müssen, das wir tagsüber in einem Ministerium oder Handelshaus verdienen.

Häufig werden wir den Eindruck haben, endlich am Ziel zu sein, weil wir Haare finden (oder uns Haare gebracht werden), die dem ähneln, das wir suchen; aber da man von keinem Fall weiß, wo ein Haar ohne das Zutun einer menschlichen Hand in der Mitte einen Knoten trägt, stellen wir schließlich fast immer fest, daß der fragliche Knoten eine einfache Verdickung der Haargefäße (obgleich wir von einem solchen Fall genausowenig wissen) oder der Niederschlag irgendeines Silikats oder Oxyds ist, hervorgerufen durch langen Verbleib an feuchter Oberfläche. Auf diese Weise schreiten wir wahrscheinlich verschiedene Streckenabschnitte kleinerer und größerer Kanäle ab, bis wir zu jener Stelle gelangen, wo niemand sich trauen würde, einen Schritt weiterzugehen: der Hauptkanal, der Richtung auf den Fluß nimmt, die donnernde Vereinigung der Abwässer, in der die Suche fortzusetzen uns nicht Geld, nicht Boot, nicht Bestechung erlauben würden.

Aber davor und vielleicht weit davor, zum Beispiel wenige Zentimeter vom Mundloch des Waschbekkens, in Höhe der Wohnung im zweiten Stock oder in der ersten unterirdischen Rohrleitung kann es geschehen, daß wir das Haar finden. Es genügt, an die Freude zu denken, die jener Fund in uns erregen würde, erschreckt die Kräfte zu veranschlagen, die wir durch pure Gunst des Schicksals gespart, um eine solche Aufgabe zu rechtfertigen, zu wählen, praktisch zu fordern. Jeder gewissenhafte Lehrer müßte seinen Schülern von zartester Kindheit an dazu raten, anstatt ihre Seele mit dem Dreisatz oder den trostlosen Reimen des Liedes von der Glocke auszudörren.

▸ »Verlust und Wiedergewinnung des Haares« von Julio Cortázar

Im Park Im Frühling erwachte der Leib der Erde wieder zum Leben. Ich saß mit Freunden im Central Park beim Picknick unter Magnolien, die ihre weißen Blüten bereits verloren hatten. Hinter uns lugten Kirschbäume über den Maschendraht, in voller pinkfarbener Blüte. Die Natur ist unendlich geduldig, wo eines geht, drängt ein anderes nach; die Magnolien sterben, wenn die Kirschen gerade erblühen. Die Sonne brach sich in den Kirschblüten und betupfte das feuchte Gras, und so wild tanzten Tausende neuer Blätter im Aprilwind, dass die Bäume, die weiter weg standen, manchmal fast unwirklich schienen. Ich lag im Halbschatten und beobachtete eine schwarze Taube, die auf mich zulief. Sie hielt inne, flatterte auf und verschwand hinter den Bäumen, kehrte dann wieder zurück und trippelte merkwürdig herum, wie es nur Tauben tun, die nach Krümeln suchen. Und hoch über dem Vogel und mir erschienen plötzlich drei Kreise am Himmel, drei weiße Kreise.

In den vergangenen Jahren habe ich festgestellt, wie sehr das Licht meine Fähigkeit, gesellig zu sein, beeinflusst. Im Winter ziehe ich mich zurück. In den zunehmend langen sonnigen Tagen im März, April und Mai suche ich viel häufiger die Gesellschaft von anderen, bin ich empfänglicher für sinnliche Eindrücke, für Klänge, Farben, Muster, Körper in Bewegung und Gerüche außerhalb meines Büros oder meiner Wohnung. Die kalten Monate stumpfen mich ab, der Frühling fühlt sich dann an wie eine sanfte Schärfung meiner Sinne. An jenem Tag waren wir zu viert im Park; wir saßen auf einer großen gestreiften Decke, aßen Pitabrot und Hummus und zupften an grünen Trauben herum. In einer Einkaufstüte hielten wir eine offene Flasche Weißwein versteckt, schon unsere zweite an diesem Nachmittag. Es war ein warmer Tag, aber noch nicht so warm, dass der Great Lawn richtig voll gewesen wäre. Wie die anderen Städter um uns herum gaben wir uns einer sorgfältig inszenierten Landidylle hin. Moji hatte Anna Karenina mitgebracht – eine der neuen Übersetzungen; auf dem Ellbogen aufgestützt las sie den dicken Wälzer und hielt nur gelegentlich inne, um sich an Gesprächen zu beteiligen. Einige Meter weiter rief ein junger Vater seinem davonlaufenden Kleinkind hinterher: Anna! Anna!

Ein Flugzeug war über uns hinweggeflogen, hoch genug, wir hatten das Brummen seiner Triebwerke kaum gehört. Nur der Kondensstreifen verriet noch seine Bahn, und als dieser sich auflöste, wuchsen die drei weißen Kreise. Sie schienen gleichzeitig aufwärts- und abwärtszuschweben, doch dann klärte sich das Bild, als hätte man das Kameraobjektiv scharf gestellt, und wir konnten in jedem Kreis den Umriss eines Menschen erkennen. Drei fliegende Menschen steuerten je einen Fallschirm, mal nach rechts, mal nach links; ich spürte das Blut in meinen Adern rasen.

Inzwischen hatten alle die Fallschirmspringer bemerkt. Die Ballspiele stoppten, Stimmen wurden laut, und viele Arme zeigten nach oben. Die kleine Anna, ebenso erstaunt wie alle anderen, hielt sich am Bein ihres Vaters fest. Die Fallschirmspringer, anscheinend Profis, schwebten einander entgegen, bildeten eine Art Federballformation, trieben dann wieder voneinander weg und steuerten auf die Mitte des Rasens zu. Sie kamen immer näher, fielen immer schneller.

Ich stellte mir das Zischen in ihren Ohren vor, als sie die Luft durchschnitten, und die Anspannung, mit der sie sich für die Landung wappneten. Als sie nur noch in einer Höhe von ungefähr hundertfünfzig Metern schwebten, sah ich, dass sie weiße Overalls mit weißen Riemen trugen. Ihre seidenen Fallschirme wirkten wie enorme weiße Flügel außerirdischer Schmetterlinge. Alle Umgebungsgeräusche schienen für Augenblicke ausgeschaltet zu sein. Das Schauspiel von Männern, die den uralten Traum vom Fliegen verwirklichten, entfaltete sich in Stille.

Fast konnte ich mir vorstellen, wie es sich anfühlen musste, nur vom klaren blauen Himmel umgeben zu sein, obwohl ich noch nie Fallschirm gesprungen war. An einem ähnlich schönen Tag vor einem Vierteljahrhundert hatte ich die Schreie eines Jungen gehört. Wir badeten gerade, zehn Jungs oder mehr, als plötzlich einer von uns ins tiefere Wasser abtrieb. Er konnte nicht schwimmen. Wir waren in einem großen Becken auf dem Campus der Universität von Lagos. Ich war damals ein guter Schwimmer, weil meine Mutter darauf bestanden hatte, dass ich es lernte – zur Bestürzung meines Vaters, der das Wasser fürchtete. Von meinem fünften oder sechsten Lebensjahr an hatte sie mich regelmäßig zum Schwimmunterricht in den Country Club gebracht; sie war selbst eine gute Schwimmerin und sah ohne Angst vom Beckenrand aus zu, wie ich mich mit dem Wasser anfreundete; meine Unerschrockenheit hatte ich von ihr. Heute ist es Jahre her, seit ich zum letzten Mal geschwommen bin; damals aber – es war in dem Jahr, bevor ich zur Militärschule ging – spielten meine Fähigkeiten eine entscheidende Rolle. Ich rettete einem Menschen das Leben.

Dieser Junge, über den ich nur noch weiß, dass er wie ich gemischter – in seinem Fall halb indischer – Herkunft war, schwebte in Lebensgefahr. Je weiter er in den Schwimmerbereich abdriftete, desto weniger konnte er seinen Kopf über Wasser halten. Die anderen Kinder, vor lauter Schreck unfähig zu handeln, standen im flachen Wasser und starrten uns an. Kein Bademeister war da, und keiner der Erwachsenen, sofern sie überhaupt schwimmen konnten, war nahe genug, um eingreifen zu können. Ich kann mich nicht entsinnen, dass ich lange überlegte oder mir einer Gefahr bewusst war – nur noch, dass ich mich so schnell ich nur konnte in seine Richtung bewegte. Dann kam der Moment, als ich den Jungen noch nicht erreicht, aber die Gruppe der Kinder schon hinter mir gelassen hatte, und der ist mir für immer im Gedächtnis geblieben. Ich schwamm mit aller Kraft, vor mir seine Rufe, hinter mir die der anderen. Gefangen in der blauen Weite um mich herum, hatte ich mit einem Mal das Gefühl, als wäre ich dem Jungen nicht näher als Sekunden zuvor, als würde uns das Wasser absichtlich auseinanderstemmen, er im Schatten des tiefen Wassers, ich im hellen Sonnenschein. Ich hatte aufgehört zu schwimmen, die Luft kühlte das Wasser auf meinem Gesicht. Der Junge schlug panisch um sich, durchbrach nur kurz die Oberfläche mit den Armen, wurde wieder hinuntergezogen. Der Schatten war so tief, dass ich kaum sah, was passierte. Ich dachte, ich würde für immer auf ihn zu schwimmen, ohne je die verbleibenden zwölf oder fünfzehn Meter zu überwinden, doch der Moment verging, und am Ende des Tages war ich der Held. Hinterher lachte man über den Vorfall und machte Witze über den Jungen. Doch es hätte auch ein tragischer Nachmittag werden können. Der kleine Körper, den ich die kurze Entfernung zum Sprungturm zog, hätte leblos sein können. Bald schon hatte auch ich die Einzelheiten vergessen, nur eines nicht: das Gefühl, völlig allein im Wasser zu sein, ganz und gar isoliert, als hätte man mich ohne Vorwarnung in eine blaue Kammer geworfen, unermesslich weit und nicht einmal unangenehm, fern von der Menschheit.

Für die Fallschirmspringer schrumpfte die Entfernung zwischen Himmel und Erde jetzt rascher, rasend schnell kam der Boden auf sie zu. Es wurde wieder laut, und sie landeten, einer nach dem anderen, sanft, in bauschigen Wolken, begleitet vom Johlen und Pfeifen der Picknicker im Park. Auch ich applaudierte. Die Springer krochen auf Knien aus ihren Zelten heraus. Sie machten sich gegenseitig Zeichen, dann erhoben sie sich gleichzeitig wie siegreiche Stierkämpfer, winkten der Menge zu, und wir belohnten sie mit unseren fröhlichen Rufen und noch lauterem Applaus.

Dann war es vorbei. Von der Ostseite des Parks kamen Sirenen. Vier Polizeibeamte sprangen über die Eingrenzung des Rasens und rannten zur Mitte. Einer war weiß, einer asiatischer Abstammung, die beiden anderen waren schwarz. Alle vier bewegten sich so plump, wie die Fallschirmspringer zuvor elegant und graziös gewesen waren. Im Schutz der Menge begannen wir zu buhen, doch die Polizisten drängten uns auseinander, brachen den Kreis auf, den wir um die Fallschirmspringer gebildet hatten, und verhafteten die Draufgänger. Eine Frau schrie: »Sicherheitswahn!«, aber eine Windböe erstickte ihre Worte.

Die Fallschirmspringer ließen sich ohne Widerstand festnehmen. Frei von ihren Flügeln, wurden sie von der Polizei abgeführt. Noch einmal gab es Applaus, und die Fallschirmspringer, drei junge Männer, verbeugten sich und grinsten. Einer war größer als die anderen, sein roter Vollbart schimmerte in der Sonne. Die Fallschirme blieben als glänzender Haufen auf dem Gras liegen, und als sie vom auffrischenden Wind erfasst wurden, sah es aus, als würden sie bebend Luft holen. So sahen wir den Fallschirmen eine Weile beim Atmen zu, während die Männer abgeführt wurden. Dann, nach einer gefühlt langen Zeit, brach der Zauber, und wir kehrten zu unserem Picknick zurück. Etwas war am Himmel erschienen, das der Natur trotzte. Mein Freund schien meine Gedanken zu lesen und sagte: Es geht darum, sich eine Herausforderung zu suchen und etwas auf eine vollendete Weise durchzuführen, ob man nun mit dem Fallschirm springt oder von einer Klippe oder einfach nur eine Stunde bewegungslos dasitzt und schweigt, man muss es so machen, dass es Schönheit hervorbringt.

▸ Aus *Open City* von Teju Cole

Am Strand Ich war dem Plattenweg gefolgt und hatte mich am Rand des Strandes, über dem ein leichter Hitzeschleier hing, in den Schatten der Eukalyptusbäume gesetzt. Eine Strohtasche stand etwa fünfzig Meter vor mir auf dem Sand. Und daneben ein großes rotes Badetuch.

Ihre Tasche hatte genau diese Form und diese Größe. Ich suchte den verlassenen Strand und die Oberfläche des Meeres ab, doch ich sah niemanden. Das friedliche Brummen eines Flugzeugmotors ließ mich den Kopf heben: ein Privatflugzeug alter Bauart oder vielleicht eine der Maschinen der Aéropostale, die seit einem halben Jahrhundert mit all ihren Postsäcken in einem Hangar vergessen war und die ein Pilot endlich an ihren Bestimmungsort zu bringen beschlossen hatte.

Ich kniff die Augen zusammen wegen der Sonnenspiegelung auf dem Meer. Doch ich konnte zwei Köpfe unterscheiden, die aus dem glatten Wasser ragten. Jemand schwamm auf den Strand zu und ließ sich bis an den Rand des Wassers treiben, um nicht auf den Kieseln und kleinen Felsen gehen zu müssen, die einen zwingen, Gummisandalen zu tragen, wenn man zu nah am Ufer badet.

Sie stieg aus dem Meer, und ich habe sie sofort erkannt in ihrem hellblauen Badeanzug. Das Flugzeug der Aéropostale flog langsam über den Strand hinweg, und auch sie hob den Kopf in seine Richtung. Sie stand neben ihrer Strohtasche und dem roten Badetuch, und als sie den Kopf senkte, hat sie mich gesehen, direkt vor sich, da drüben, im Schatten der Eukalyptusbäume.

Sie wandte sich zum Meer, um zu sehen, ob die Person, die mit ihr badete – der Engländer aus dem Lusignan? –, immer noch schwamm. Ja, er bewegte sich schnellend an der Wasseroberfläche vorwärts.

Sie winkte mir, und ich erwiderte es, aber ich blieb sitzen. Sie rührte sich auch nicht. Sie zeigte auf den Mann, der im Schmetterlingsstil schwamm und eine Badehose von der gleichen leuchtend roten Farbe wie das Badetuch trug. Und dieses allzu grelle Rot stach ab gegen das Himmelblau ihres Badeanzugs, den hellen Ton ihrer Haut und ihres Haars, der von dem Hitzeschleier noch gedämpft wurde.

Sie kam ein paar Schritt näher, und ich sah ihre Lippen sich bewegen, doch das Brummen des Flugzeugs der Aéropostale, das in sehr niedriger Höhe erneut über uns hinwegflog, schluckte ihre Stimme.

Das Brummen wurde schwächer, das Flugzeug beschrieb einen weiten Bogen und glitt auf den Horizont zu. Ich hörte:

»Bis bald!«

Und wieder winkte sie mit dem Arm, just bevor der Engländer vom Lusignan mit seiner roten Badehose aus dem Wasser stieg und zu ihr zurückkehrte.

Das Flugzeug der Aéropostale war nur noch ein Punkt am Himmel. Ich stellte mir all diese Säcke voller Briefe mit seit fünfzig Jahren ungültig gewordenen Briefmarken vor. Die meisten Adressaten der Briefe waren tot, genauso wie die, die sie abgeschickt hatten, und die Adressen auf den Briefumschlägen waren ebenso ungültig geworden wie die Briefmarken. Und dennoch würden einige wenige noch lebende Personen diese Briefe erhalten und hätten zu ihrer großen Überraschung ein unversehrtes Stück ihrer Jugend in Händen, einen Meteoriten, von einem Planeten gefallen, der schon vor Ewigkeiten verschwunden ist.

Ich war weiter weg gerückt, und der Stamm eines Eukalyptusbaums schützte mich vor ihren Blicken. Er lag auf dem Rücken und hatte eine Sonnenbrille aufgesetzt. Sie hatte ihm das Badetuch überlassen und lag auf dem Bauch neben ihm im Sand. Sie stützte das Kinn auf die Hände und die Ellbogen auf ihre umgestülpte Strohtasche und blickte in Richtung der Eukalyptusbäume. Vielleicht versuchte sie, mich in dieser Schattenzone zu sehen. Vielleicht dachte sie auch an etwas anderes. Oder an nichts.

▸ Aus *Vorraum der Kindheit* von Patrick Modiano

Im Taxi Schon beim Einsteigen sehe ich ihr an, wie aufgelöst sie ist. Lange Sekunden sitzt sie mit geschlossenen Augen auf dem Rücksitz, den Kopf gegen die Kopfstütze gelehnt. Zwischen tiefen Seufzern schnappt sie nach Luft, als würde sie keinen Sauerstoff darin finden können. Gleich wird ihr schlecht, das erschreckt mich etwas, nicht doch hier, ausgerechnet in meinem Taxi.

Wohin darf ich Sie bringen?

Egal. Hauptsache weg hier, aber schnell.

Aber wohin, nach Buda, nach Pest?

Nach Pest. Das ist am anderen Ufer, oder? Je weiter weg, desto besser.

Das ist natürlich eine Aufforderung zum Tanz, so viel Erfahrung habe ich nach zwei Jahren Taxifahren schon. Dass ich also fragen muss. »Hatten Sie einen schweren Tag?«, »Gab's Ärger?« So was in der Art. Sie erwartet scheinheilige Sätze, Fragen von mir à la »komm, Engelchen, wein dich bei mir aus, hier, an meiner breiten Schulter«. Ich bin mir nicht sicher, ob ich das will. Ich bin mir nicht sicher, ob ich die Details ihres Liebesdramas hören will. Denn dass es sich um ein Liebesdrama handelt, daran besteht kein Zweifel. Nein, ich will nicht wieder der Beichtvater umständehalber sein oder der Psychiater. Sie langweilen mich, diese kleinkarierten, sich selbst wiederholenden Geschichten. Ich würde viel lieber ihren Nacken berühren, der für einen Moment in der Heckscheibe aufblitzt, ihre vorn sich in widerspenstigen Schnecken kringelnden schwarzen Locken sind hinten kurz geschnitten, das sieht so schutzlos und ausgeliefert aus. Mit einer Guillotine könnte man ihr mir nichts dir nichts den Kopf abschneiden. Ihre seidigen, überraschend großen und fleischigen Ohrläppchen stehen unten interessanterweise ein wenig nach außen und oben, ein leichtes V formend. Vielleicht hat sie sie, wenn sie nervös war, häufig hin und her geknickt. Manche zupfen an ihren Haaren, andere trommeln mit den Fingern und wieder andere knicken sich die Ohren. Töchterchen, hör auf, an deinen Ohren zu zerren, sonst bleiben sie noch so. Wenn ich hineinbeißen würde, würde ihr rubinrotes Blut hervorquellen. Geschenkte Ohrringe. Nein, ich werde nichts sagen. Ihre Anwesenheit füllt das Innere des Autos aus wie eine besondere Materie, die, sagen wir, von der NASA für die Raumfahrt entwickelt worden ist, sie füllt selbst die kleinsten und verstecktesten Höhlungen aus, fließt überall hinein, in den Gepäckraum, den Aschenbecher, in Ohrmuscheln, Bronchien und Poren, Mari, natürlich, jetzt, am Südbahnhof, fällt mir endlich ein, woher ich dieses Gefühl kenne, von dem sich mir sofort der Magen verkrampft (als sie einstieg, verkrampfte er sich sofort), Mari konnte mit ihrer Anwesenheit alles so ausfüllen, zum Schluss konnte man kaum mehr atmen davon, denn ihre Existenz kroch bis in die Nasenlöcher, in die Mundhöhle und verstellte der Luft den Weg, so dass auch ich so stoßweise und schwer atmete wie diese hier hinten, ich schaue in den Spiegel, sie schaut sofort zurück, sucht den Kontakt, den Faden des Gesprächs, krallt sich wie eine Ertrinkende in meinen Blick, ich solle ihr doch endlich ein Tau zuwerfen, ein Wort, irgendwas, damit sie nicht endgültig in den Sumpf ihres kleinen Traumes versinkt. Nein, Herzchen, ich werde nicht dein Bruce Willis sein, dein Stallone, meinetwegen kannst du ruhig untergehen, hier auf dem Rücksitz, wie die Titanic, du hast mir in dieser Nacht gerade noch gefehlt, dieser Magenkrampf, der die Mari ist, den hat bestimmt auch sie geschickt, damit ich mir bloß nicht einbilde, ich könnte sie mit ein bisschen Taxifahren, ein bisschen Nachtschichten-Schieben aus meinem Organismus vertreiben, damit ich mir bloß nicht einbilde, ich könnte alles so leicht sühnen, dabei bedeutete die Andere überhaupt nichts, das Ganze dauerte keine zwei Sekunden, nach fünf Jahren, ich war einfach nur neugierig, wie eine andere Haut riecht, der von Mari kam sie nicht einmal nahe, ich wollte es nur für einen Augenblick ausprobieren, wie es wäre, ein freier Mensch zu sein, denn die Mari hielt mich mit ihren Armen umklammert wie ein wunderschöner, fleischiger Krake, ein seltenes Exemplar, wie es sie nur im Märchen gibt. Dem Anschein nach zerbrechlich, schwach, auf Schutz angewiesen, aber wenn du ihr nachgibst, wird sie dich über kurz oder lang mit ihrer Umarmung zerdrücken, und die hier sitzt genauso dahinten, als würde sie gleich in ihre Moleküle zerfallen, wenn ihr nicht jemand hilft, schon wieder seufzt sie gut hörbar, vielleicht erbarme ich mich ja ihrer, warum ich, warum wählen diese kleinen Ungeheuer immer mich aus, warum lassen sie mich nicht schön ruhig durch die Nacht fahren, damit ich in einem hinreichend entspannten Augenblick das Gefühl haben kann, dass ich vielleicht wieder etwas schlafen kann, denn es gibt dieses besondere physiologische Phänomen, dass einer, den man zu schnell aus einer Umarmung entlassen hat, nicht mehr einschlafen kann, wie ein plötzlich laufengelassener Hund stellt er sich von einem Bein aufs andere, schaut sich unsicher um, weiß mit der Freiheit, die so plötzlich über ihn gekommen ist, nichts anzufangen, und es kommt nicht selten vor, dass er sich lieber jemand anderen sucht, dem er dienen kann, nur damit er nicht mit den anderen ausgesetzten Hunden durch die Gegend ziehen muss.

Wir fuhren schon über die Kettenbrücke, als sie zu reden anfing:

Ich bin noch nie bei einer weiblichen Taxifahrerin mitgefahren. Hast du keine Angst?

Duzt mich einfach so. Hast du keine Angst, du Chauffeur? Hast du keine Angst, du Frau? Sie werden dich töten oder, noch schlimmer, sie werden dich ficken.

Und du? Hast du keine Angst, dich einfach so in ein fremdes Auto zu setzen?

Ich schaue in den Rückspiegel. Ich sehe, sie lächelt leicht.

Da ist was dran.

Wir stehen an der Ampel, Attila-József-Straße, eine ungewöhnlich milde Aprilnacht, Stille. Wenn sie von nun an den Mund halten und einfach Ruhe geben würde, bis ich sie irgendwo absetze, könnte ich den plötzlichen Frühling sogar genießen.

Obwohl, was das anbelangt, ist ein Unbekannter besser als ein Bekannter. Vom Unbekannten bildest du dir wenigstens nicht ein, ihn zu kennen, vom Bekannten stellt sich am Ende immer heraus, dass er ein Wildfremder war. Pfff, wie verdammt tiefsinnig ich heute doch bin. Ich will dich mit meinen tiefschürfenden Gedanken nicht belasten.

Darauf kannst du nicht mehr nein sagen. Mein Herz ist auch nicht aus Stein. Da hast du mein nicht-steinernes, verliebtes Taxifahrerherz. Da hast du's. Reiß es ruhig in Stücke.

Wurdest du gefeuert?

Schlimmer. Es hat sich herausgestellt, dass sie einen Mann hat.

Sie schaut herausfordernd, hart in den Rückspiegel, wartet auf die Wirkung. Aufs Nicht-Verstehen. Sie ist bereit, mir eine Ansage ins Gesicht zu schleudern. Da musst du früher aufstehen, Schätzchen. Ein Taxifahrer, der nicht gleich auf den ersten Blick seinen Fahrgast einordnen kann, kann sich verabschieden und Monchichis züchten. Mein Radar piepte im allerersten Augenblick, wie es sein muss. Ihrer funktioniert, wie es aussieht, noch nicht. Vielleicht liegt es daran, dass ich mit dem Rücken zu ihr sitze. Andere sind der Meinung, man sieht es mir selbst am Nacken an. Egal. Die Tränen trüben offenbar ihren Blick. Denn, muss ich das noch erwähnen, bis wir hierhergelangt sind, laufen sie ihr schon in großen, dicken Tropfen über das leicht sommersprossige, aber sonst überraschend schneeweiße Gesicht. Der hochgestellte Kragen ihres schwarzen Ledermantels rahmt es wie ein Trauerrand. Ich drehe mich halb nach hinten. Ich will nicht leugnen, da ist ein wenig Schadenfreude in mir.

Sie hat dich also übers Ohr gehauen.

Einen Moment lang schaut sie mir verwundert in die Augen. Dann setzt sie erleichtert fort, als hätte sie unerwartet die Absolution für eine nicht begangene Sünde erhalten.

Nicht nur mich. Ihren Mann auch. Ihre Kinder. Jeden. Die ganze gottverdammte Welt.

Und wie kam es heraus? Ich kann's nicht glauben, dass ich das frage. Wen zur Hölle interessiert's, wie es rausgekommen ist, wer was gesagt hat und wer was gelogen und wie sie aufgeflogen ist, und was sie hier darauf gesagt hat, wen interessiert diese jämmerliche kleine Story, dieses Treibgutdramolett.

Du kommst nie dahinter: Der Papa fuhr auf Dienstreise, kam aber nach Hause zurück, als er noch gar nicht sollte, die Flughafenarbeiter haben gestreikt, hahaha. Ich werde ihr nie verzeihen, dass sie mich in ihr Ehebett gelegt hat. So was machen doch nur Kerle.

Und, wie es scheint, manchmal die Frauen. Es ist nur schwerer, darüber hinwegzukommen. Da sieht man wieder, wie verwerflich Vorurteile sind. Na, dann hast du heute wieder was gelernt.

Das kam leichter, härter heraus als unbedingt notwendig. Beziehungsweise gerade wegen der Notwendigkeit kam es so heraus. Ich musste sie mit irgendetwas auf Abstand halten. Ich musste versuchen, ihren brennenden, tätowierenden Blick von meiner Haut abzuwischen, wie mit einem kalten Lappen. Egal wie, ich musste den Duft ihres Atems nach Meer, Algen und Tang aus meiner Nase lüften, ich musste versuchen, zurück an die Oberfläche zu schwimmen, und nicht zulassen, dass ich zur Gefangenen dieses erstickenden Unterwassergartens werde; ich musste versuchen, sie aus meinem Geist zu löschen, ich stehe wie ein Humphrey Bogart auf der Startbahn und muss nichts sagen, denn die Frau (die ich auch bin) steigt nicht ins Flugzeug, sondern dreht sich schön langsam um, tritt neben mich und hakt sich bei mir ein; ich musste versuchen, aus meinen Erinnerungen zu löschen, wie die Mari im Flur steht und mir ins Gesicht brüllt, dass sie hofft, jemand wird mir einmal so richtig das Herz brechen, aber in tausend

Stücke, damit man es nie mehr zusammensetzen kann, dann werde ich wissen, was ich mit ihr gemacht habe, denn sie sieht mir an, dass ich keine Ahnung davon habe, weil ich ein gnadenloses Tier bin; ich musste das dichte Gewebe ihrer Wimpern vergessen, wenn sie sie senkte, jenen langen, ersten Augenblick, ihre unwirklich dunklen Augen, die man ausschließlich im Binnenland des Tschad, des Kongo oder in Sambia findet, Dr. Livingstone blieb auch nicht von ungefähr für lange Jahre verschwunden, denn zu seinem Verhängnis hat er genau solche dort gesehen, und das hat ihn so unerwartet und unvorbereitet getroffen, dass Stanley hinterhermusste, um ihn dort herauszuholen. Mein Gott, dachte ich, wer wird eine Expedition starten, um mich wiederzufinden, wer wird mich aufspüren und retten, wenn doch keiner mehr hofft, dass ich noch am Leben bin, wer wird mich in diesem dreckigen, urbanen Dschungel aufstöbern, wer wird der unerschrockene Detektiv sein, der entgegen dem ausgesprochenen Befehl seines Chefs entscheidet, noch einen letzten Versuch zu wagen und sich noch die zum Abbruch freigegebene Fabrikruine anzuschauen, wo er mich schließlich halbtot findet. Ganz offensichtlich muss ich mit einem Knopfdruck alles aus meinem Gehirn löschen, wie von einer Festplatte, alles, was mir eingefallen ist, als ich sie an der Straßenecke habe stehen sehen, wo sie einstieg; dass das genau so ist wie damals vor zwei Jahren, als ich mir den Venus-Transit vor der

Sonne ansah und daran dachte, dass man doch immer auf so etwas wartet, auf so ein perfektes Zusammenstehen, das dann aber natürlich schön langsam wieder auseinanderdriftet, aber solange es anhält, ist es die Perfektion selbst, eine lang hingezogene Ekstase.

Willst du vielleicht was trinken auf den Schreck?

Diesen Satz höre ich aus meinem Mund kommen. Es ist zweifellos mein Mund, aber wer da redet, das weiß ich nicht. Ich sehe ihr an, dass sie die Frage mindestens so unerwartet trifft wie mich selbst. In ihrem Gesicht erst die Zeichen der Verwunderung, dann der Erkenntnis. Jetzt endlich, wenn auch mit Verspätung, ist ihr Radar angesprungen. Ich schalte, lasse den Motor etwas hochtouren, auf der Straße ist niemand, wir fegen durch die Stadt, zwei Überlebende einer Expedition von einem anderen Planeten.

Warum eigentlich nicht. Es würde nicht schaden, diesen Dreck mit irgendwas hinunterzuspülen.

Nur das vorbeifliegende Licht der Straßenlaterne unterstreicht ihre Worte.

Aber lass uns nicht ins *Rücklicht* gehen. Ich will da keinem begegnen.

Dorthin bestimmt nicht, solche piekfeinen Lokale sind nicht mein Ding. Ich schalte die Taxiuhr aus. Ich glaube, es ist nur mehr das Blei in der Luft, das dieses Auto in Bewegung hält, denn laut Anzeige haben wir kaum mehr Benzin im Tank. Es ist, als wären wir seit Tagen unterwegs, ohne Essen und Trinken, und nun, mit letzter Kraft, erreichen wir die Oase. Oder eher ihre Fata Morgana. Wir fahren Richtung Klauzál-Platz, in die Stammkneipe meines Vaters. Heimspiel, dort fühle ich mich in Sicherheit, und sie wird da ganz sicher keiner kennen. Ich nehme die Kurve beinahe auf zwei Rädern, ein später Gassigeher zuckt erschrocken zusammen, was ist los, schon wieder eine Verfolgungsjagd? Ja, eine Verfolgungsjagd. Ich ziehe die Handbremse und schaue in den Spiegel.

Können wir?

Als würde ein kalter Lufthauch meinen Nacken streifen. Im Spiegel sehe ich auch, woher er kommt.

Sei nicht sauer ... ich glaube, ich hab's mir anders überlegt.

Mit Eisenkugel professionell ausgeführter Schlag ins Herz. Ich drehe mich um, damit ich sie nicht nur durch den Spiegel sehe. Soll sie mich erschießen, Aug in Auge, wie es sich gehört.

Was sollen wir dann machen?

Ich möchte ... ich möchte, dass du mich zurückbringst.

Sie zieht fröstelnd den schwarzen Lederkragen an ihrem Hals zusammen. Ihr Kopf ist jetzt so klein wie ein indianischer Schrumpfkopf.

Bist du sicher, dass das eine gute Idee ist?

Kaum ausgesprochen, habe ich es schon bereut. Ich drehe mich um und schalte die Taxiuhr wieder ein. Wenigstens so viel Genugtuung werde ich haben, dass ich sie ihnen serviere. Von hinten höre ich noch:

Nein, aber es muss sein.

Ich schalte das Radio ein und drehe es sehr laut. Grüne Welle bis zum Moszkva-Platz.

▸ »Venus-Transit« von Zsófia Bán

Am Schreibtisch Blumenberg hatte gerade eine neue Kassette zur Hand genommen, um sie in das Aufnahmegerät zu stecken, da blickte er von seinem Schreibtisch auf und sah ihn. Groß, gelb, atmend; unzweifelhaft ein Löwe. Der Löwe sah zu ihm her, ruhig sah er zu ihm her aus dem Liegen, denn der Löwe lag auf dem Bucharateppich, in geringem Abstand zur Wand.

Es mußte ein älterer Löwe sein, vielleicht nicht mehr ganz bei Kräften, aber mit der einzigartigen Kraft begabt, da zu sein. Das erkannte Blumenberg zumindest auf den zweiten Blick, während er noch um Beherrschung rang. Nur nicht die Fassung verlieren, gerade in diesem Falle nicht, sagte sich Blumenberg, vielleicht geriet der Satz weniger korrekt, obwohl Blumenberg auch beim Finden von Sätzen im Kopf eine eiserne Disziplin zu wahren pflegte, weil er sich daran gewöhnt hatte, geordnet und nicht etwa überstürzt sich Sätze zurechtzulegen, und zwar fast so geordnet, wie er gemeinhin sprach, ob er nun ein empfangsbereites Aufnahmegerät vor sich hatte oder die Ohren eines Kindes.

Blumenberg wußte sofort, daß hier viel falsch zu machen war und nur eines richtig: abwarten und die Fassung behalten. Er wußte auch, daß in Gestalt des Löwen eine außerordentliche Ehre ihm widerfuhr, gleichsam eine Ehrenmitteilung der hohen Art war überbracht worden, von langer Hand vorbereitet und nach eingehender Prüfung ihm gewährt. Man traute Blumenberg offenbar zu, daß er in seinem schon etwas höheren Alter leichterdings damit fertig würde.

Kurios war nur, daß vom Löwen gar nichts Undeutliches, Verschwebtes, Löwen- und Luftatomvermischtes ausging; seine Umrisse zitterten nicht im Her und Hin der wellendurchlaufenen Gedanken Blumenbergs; es blitzten keine löwenköpfigen Spiegelneuronen und bewimmelten das kristalline Geflirr einer Halluzination. Der Löwe war da. Habhaft, fellhaft, gelb.

Obwohl er sich selbst ermahnte, ein unerschütterliches Vorbild der Ruhe abzugeben, raste sein Herz. Ein Löwe! Ein Löwe! Ein Löwe!

Natürlich hatte er keine Angst vor ihm. Wie ein entsprungener Zirkuslöwe sah er nicht aus. Zum einen deckte Blumenberg der große schwere Schreibtisch, hinter dem er saß, zum anderen lag dieser Löwe vollkommen ruhig da und gebärdete sich keinesfalls wie ein beunruhigtes entlaufenes Tier oder gar wie ein nervöser Christenfresser. Blumenberg bekam Lust zu sagen: Ich bin katholisch, du kannst mich ruhig fressen, aber er behielt diese Frivolität lieber für sich und sah nun seinerseits mit einer Miene, die abwartende Höflichkeit signalisieren sollte, aber doch ein wenig zu neugierig geriet, auf den Löwen. Vielleicht wirkte es auf den Löwen aufstachelnd, wie er ihn ansah, dachte Blumenberg, denn er wußte um seinen brennenden Blick.

Die bierfarbenen Augen des Löwen musterten ihn unverwandt in versammelter Löwenruhe, das heißt, sie musterten ihn nicht wirklich, sie sahen eher durch Blumenberg hindurch auf etwas, was hinter ihm, vielleicht hinter der Bücherwand, vielleicht hinter der Mauer des Hauses, vielleicht hinter Altenberge und der Stadt Münster im Jahre 1982 in weiter Zeitenferne lag.

Sein Herz klopfte noch immer wie ein außer Kontrolle geratenes Apparätchen.

Mit einem Löwen zu konversieren, das hatte Blumenberg nicht geübt. Bisher hatte es ja keine Gelegenheit gegeben, solches zu tun. Mit seinem geliebten Axel zu sprechen, dem weißhaarigen Collie, war Blumenberg immer leichtgefallen. Axel war ihm auf Schritt und Tritt überallhin gefolgt, ihm in sein fülliges langes Brustfell zu fahren und ihm den Hals zu kraulen war für Blumenberg ein Vergnügen gewesen, währenddessen er ganz ungezwungen, fast wie ein kindischer Liebhaber, wie narrisch mit dem Hund gesprochen hatte, wenn auch – gemessen an anderen Hundeliebhabern – bemerkenswert korrekt.

Blumenberg zweifelte, ob mit dem Löwen eine Konversation überhaupt möglich sein würde. Es ging ja nicht hin, daß er nun aufstand, um dem Löwen in die Mähne zu fahren und diese tüchtig zu walken. Der Löwe schien einer zärtlichen Handlung in keiner

Weise bedürftig. Obwohl er keine Angst verspürte, war Blumenbergs Respekt vor dem Tier groß.

Der Löwe ist zu mir gekommen, weil ich der letzte Philosoph bin, der ihn zu würdigen versteht, dachte Blumenberg. Bei diesem Gedanken überkam ihn ein flaues Gefühl, er mußte für einen Moment die Augen schließen vor so viel Größe, die ihm von lässiger Hand auf den Teppich gelegt worden war, eine Herausforderung der Nacht, spät, um Viertel nach drei, wie ein Blick auf die Uhr ihm bewies, als er die Augen wieder öffnete.

Weder ein Ruch noch ein Ungeruch ging von dem Löwen aus, der Löwe roch dezent nach Löwe, für jemandes Nase, der Löwen liebte und nach einem Zoobesuch den Löwengeruch zurückzurufen sich mühte, vielleicht gerade noch spürbar. Blumenberg konnte zwar mit Fug von sich behaupten, ein Liebhaber der Löwen zu sein, aber der Löwengeruch hatte ihn bisher nicht gekümmert. Die verwegene und doch nurmehr wie obenhin verschwebende geruchliche Schärfe, die seine Klause zu füllen begann und die in einem Atemzug hereinwehte und beim nächsten sich wieder verlor, erregte Blumenbergs Sinne.

Gedanken bestürmten ihn mit Macht, in nie gekannter Plastizität; es war, als wären alle Laden seines Panzerschranks aufgefahren und die darin verwahrten sechsunddreißigtausendsechshundertsechzig maschinenbeschriebenen Karteikarten flögen daraus wie sprühend hervor, aber nicht in ihrer kartonierten

Form, sondern als von den Buchstaben und Vermerken abgelöste und in seinen Kopf hineindrängende Bildhäutchen.

Ruhe bitte. Besonnenheit. An den Nerv eines Bildes, an den Nerv eines Problems kommt man nur heran, wenn man das einzelne Bild, das einzelne Problem geruhsam sich vorlegt und prüft. Wer war der Löwe? Infolge der Abwehr, die er gegen die Bilderflut sich aufzubauen mühte, verspürte Blumenberg eine leichte Überreiztheit.

Agaues falscher Löwe. Die Fabel vom Hoftag des Löwen. Der Löwe des Psalmisten, brüllend. Der aus dem Lande Kanaan für immer verschwundene Löwe. Das Symboltier des Evangelisten Markus. Maria Aegyptiaca und ihr Begleitlöwe. Das fromme Tier des Hieronymus im Gehäus. Wer war der Löwe?

Sein Gedächtnis sollte die Bibel im Schnellauf durchforsten, da doch der Löwe darin seine aufgepflanzten und wieder abgebrochenen Merkzeichen hat; den Befehl dazu gab sich Blumenberg. Aber er mußte sich eingestehen, daß sein Gedächtnis, das normalerweise tadellos funktionierte, besser als bei jedem ihm bekannten Menschen, ausgerechnet jetzt zu einer gründlichen Sichtung des Löwenproblems nicht in der Lage war.

Obwohl erst wenige Augenblicke seit dem Auftauchen des Tieres verstrichen waren, hatte Blumenberg schon Vertrauen zu dem Löwen gefaßt; dabei war noch gar nicht abzusehen, was sich für eine Beziehung zwischen ihnen entwickeln würde, ob von Dauer oder nicht. Erstaunlich, daß ich schon die Hoffnung in mir keimen sehe, unsere Beziehung könnte währen, dachte Blumenberg. Für einen Moment bildete er sich ein, der Löwe, dessen Maul ein wenig nur geöffnet war, lächle.

Sein Alter? Der Löwe war alt, uralt sogar, bestimmt älter, als ein Löwe in der freien Wildbahn je wurde. Blumenberg stellte es mit Bedauern fest. Die Mähne des Tieres, in jungen und mittleren Jahren mochte sie stattlich gewesen sein, jetzt wirkte sie zerrupft. Das Rückgrat trat hervor und sackte ein wenig durch, lange dunkle Tränenrinnen führten von den Augen des Löwen seitlich nach unten; allein, wie er atmete und dabei jedesmal sein Bauch sich verzog, als befiele ihn ein kleiner Krampf, war besorgniserregend.

Der Löwe wird doch nicht gekommen sein, um auf meinem Teppich zu verenden? dachte Blumenberg bestürzt. Höhererseits wollte man ihn foppen und hatte ihm deshalb diesen Rohrkrepierer von einem Löwen geschickt. Rasch, wie er aufgezuckt war, verschwand der Gedanke wieder. Nein, Blumenberg empfand Sympathie für den Löwen, und als er sich dies eingestand, vertraute er sogleich auf die erkenntnisfördernde Kraft der Sympathie. Urplötzlich fühlte er sich in eine anheimelnde Selbstwärme gehüllt, ein Gefühl, das von Selbstüberhebung nur geringfügig sich unterschied. Er war der exemplarische Asket, der seinen Löwen verdient hatte. Nacht für Nacht für Nacht gearbeitet, sagte sich Blumenberg voller Stolz, und der Dank, der ihm jetzt blühte, war der Löwe.

Wie Maria Aegyptiaca sich zu fühlen war ihm unmöglich. Es fehlte die Wüste, es fehlten die Ausschweifungen und Gelage, denen sich diese sehr spezielle Maria früher hingegeben hatte, und natürlich die Umkehr. Blumenberg hatte sich solchen Leibextremismen nie hingegeben, er hatte nicht umkehren müssen, und er war keine Frau. Auch war ihm die Vorstellung unsympathisch, mit ausgedörrten Gebeinen in der Wüste zu liegen, über sich einen Löwen als Grabwächter.

Agaue? Unsinn! Den eigenen Sohn als Löwen mißkennen und ihn zerreißen im bacchantischen Wahn, zu so etwas konnte sich nur eine im wilden Griechenland aufgekommene Frau hinreißen lassen, präziser: die Zuspitzung der Frau: die antike Mutter.

Obwohl der Löwe da vor ihm keineswegs träumte und sein breitnasiges Haupt zweifellos echt war und nicht etwa heimlich der Kopf einer Katze (auch schaute dieser Löwe immer weiter durch ihn hindurch), so bemächtigte sich des Philosophen doch allmählich ein friedliches Gehäusgefühl. Er rief sich den berühmten Kupferstich von Dürer ins Gedächtnis. Zwar fehlte in seiner, Blumenbergs, Klause das Stundenglas, durch das der Sand rann, es fehlte das Pult, es fehlten die Butzenscheiben und der Totenschädel auf dem Fensterbrett, und anstelle der Täfelung aus warmem Holz gab es bis an die Decke reichende Bücherregale und Teppiche, aber eine Klause in stupender Abgeschiedenheit von den übrigen Teilen des Hauses war es doch. Außerdem herrschte Nacht. Die Stunden der radikalen Abkehr vom weltlichen Getriebe, in denen sich höchstens einige Schlaflose herumwälzten und nur sehr wenige Menschen ihre Dienste versahen.

Trotzdem kamen Blumenberg Zweifel. Wenn er jetzt ganz fest die Augen schloß und auf sechzig zählte – er hatte sich angewöhnt, solches Abzählen durch ein winziges Aufzucken der Finger zu bewerkstelligen – und dann die Augen wieder öffnete, war der Löwe womöglich verschwunden. Ein Trugbild, weiter nichts.

Blumenberg schloß tatsächlich die Augen, zählte aber in der Verwirrung nicht bis sechzig, sondern versehentlich nur bis achtundfünfzig, wobei es ihn hart ankam, die Augen so lange zuzupressen.

Augen auf. Der Löwe war da.

Blumenberg bekam Lust, seinen Platz hinter dem Schreibtisch einmal zu verlassen. Draußen leuchtete der Mond. Vor den langgestreckten Fenstern zeigten sich die schwarzen Gerippe der Rosenstöcke. Vielleicht sollte er einen Fensterflügel öffnen und auf diese Weise mit allem ins Freie kommen.

Ob trotz augenscheinlicher Gutartigkeit der Löwe ihm etwas antun könnte, ob es gefährlich war, ihm den Rücken zuzudrehen? überlegte Blumenberg, als er wie in Zeitlupe vom Stuhl sich erhob, seinen Schreibtisch halb umrundete und langsam, viel langsamer als gewöhnlich, zum Fenster ging.

Gefährlich? Nein, wohl nicht. Einige Sekunden stand Blumenberg am Fenster und sog die kühle Nachtluft ein, allerdings mit angespanntem Rücken. Als er sich wieder herumdrehte, war der Löwe immer noch da.

Zeit, eine Flasche Bordeaux zu öffnen. Das Ereignis mußte gefeiert, auf das Erscheinen des Löwen Wein getrunken werden. Mit dem gefüllten Glas blieb Blumenberg allein, in seinem Arbeitszimmer hätte er vergeblich nach einem Gastglas gesucht. So hauspossierlich war der Löwe nun wieder nicht, daß er ein Glas in der Pfote hätte halten können, um es auf Blumenbergs Wohl zu lüpfen.

Der Löwe, der, wie ihm schien, den Kopf inzwischen ein klein wenig gesenkter hielt, aber immer noch ungerührt durch ihn hindurchblickte, belegte sechzehn, siebzehn, oder waren es neunzehn? Elefantentapfen auf dem Bucharateppich, der als eines der wenigen Besitzstücke aus dem Erbe des Vaters auf ihn gekommen war. Indem sich der Löwe diese wärmende Unterlage für sein Liegen ausgesucht hatte, betrug er sich wie ein Haushund. Er hat Sinn für Symmetrie, dachte Blumenberg, weil sich der Löwe ziemlich exakt in die Mitte gelegt hatte, obendrein scheint er Sinn für Ästhetik zu besitzen. Der Teppich war das kostbarste Objekt in Blumenbergs Arbeitszimmer, mit hellen Tapfen inmitten von Weinrot und blaugrünschwarzen Farbabstufungen – wirklich ein exquisites Stück.

Obwohl es an seinem Arbeitszimmer nichts auszusetzen gab, bedauerte sich Blumenberg, daß er keinen so glorreichen Raum zur Verfügung hatte, wie ihn Antonello da Messina gemalt hatte. Das Bild, vom italienischen Meister starkschattig nach Art der Niederländer angelegt, führte Blumenbergs Gedächtnis, das jetzt wieder tadellos funktionierte, mit fabelhafter Präzision heran: der Blick fällt durch eine steinerne Öffnung, auf der Brüstung ein Pfau, eine Kupferschüssel, eine Wachtel. Im prächtigen Innenraum ein Treppchen, eine, zwei, drei Dreifaltigkeitsstufen empor auf eine Bühne. Der heilige Gelehrte im fließenden roten Samtgewand und roter Samtmütze, mit langen Armen in einem Buch blätternd, das auf einer Art Sitzpult mit abgeschrägter Fläche vor ihm aufgeschlagen liegt. Links ein zauberischer Fensterausblick. Eine Hügellandschaft mit vereinzelten Zypressen. Und rechts, hinter der Bühne des Gelehrten, aus dem Dunkel auftauchend, ein spilleriger Löwe. Nein, nicht mit Löwenbeinen und breiten Tatzen, sondern mit dünnen Rennbeinchen versehen wie ein Windhund. Wahrscheinlich hatte Antonello nie einen Löwen zu Gesicht bekommen.

Blumenberg liebte das Bild. Diese würdigen, einsamen Figuren, die mit wenigen Büchern auskamen, weil sie offenbar die immerselben, allen voran natürlich die Bibel, wieder und wieder studierten; ihre opulent ausstaffierten Zimmer mit den Schmuckblicken in ein wohlgeordnetes Draußen, die Einsamkeit ins glorios Behagliche rückend! Das bühnenhafte Arrangement, die Erhöhung der Schauseite, diente dazu, den Gelehrten vom Fliesenboden, diesem kunstvoll verwirtschafteten Boden, zu lösen, als sei er von der Schwerkraft minder abhängig, als sei sein Boden nicht gemeiner Lebensboden, sondern Geistboden, über dem sich die Gedanken weit und weiter emporrafften. Sollte in seinem roten Gewand die Herzenserhebung des gelehrten Eremiten angezeigt worden sein? Nicht mitgemalt war natürlich der Durchzug, der zwischen der großen Öffnung vorne und den Fensterhöhlungen hinten im Mittagsglast hätte herrschen und die herumliegenden Papiere ins Segeln und Trudeln bringen müssen. Den lustigen Löwen stellte sich Blumenberg für einen Moment als Papierjäger, Papierschnapper vor, brach die Sätze, die sich in ihm dazu formen wollten, aber gleich wieder ab, weil er sich nicht im Albernen verlieren wollte.

Zurück zum eigenen Löwen. Trotz dessen denkwürdigen Erscheinens, das sich vor einer halben Stunde erst zugetragen hatte, hielt Blumenberg es für angezeigt, auf keinen Fall, nicht einmal in diesem Extremfall, da ihm das Herz noch immer bis zum Halse schlug, auf seine Gewohnheiten zu verzichten. Immerhin hatte ihn der Löwe so durcheinandergebracht, daß er seiner Sekretärin nicht das übliche Quantum hatte diktieren können; das genügte als Abweichung von der Regel. Er packte die eine vollgesprochene Kassette in einen Umschlag, ließ sich – Löwe hin, Löwe her – nicht darin beirren, gut lesbar, wenn auch ein klein wenig zittrig, die Adresse der Universität darauf zu schreiben, ihn mit einer Marke zu versehen, griff nach seinem Mantel und ging, mit einem verhaftenden Blick auf das Tier, als wolle er es auf dem Teppich festnageln, zur Gartentür hinaus.

Draußen zündete er sich eine Zigarette an: auch gegen die Regel, denn für gewöhnlich legte er den Weg zum Briefkasten und wieder nach dem Haus im Sturmschritt zurück, Rauchen hätte da nur Zeit gekostet. Diesmal ging er zwar aufgeregt durch die spärlich erleuchteten Straßen – wie üblich war um diese Zeit kein Mensch unterwegs, selbst die geparkten Wagen unter den Lichtglocken der Laternen schienen zu schlafen –, ging aber doch langsamer als sonst, um an der Nachtluft noch einmal in Ruhe zu überprüfen, was ihm in der letzten Stunde widerfahren war.

Ich bin in einen Hinterhalt gelockt worden, dachte er, man hat mich mit einem fundamentalen Schwindel konfrontiert, um meine geistigen Kräfte zu testen.

Als er zurückkehrte, fehlte der Löwe.

Blumenberg behielt die Hand lang auf der Klinke

der inzwischen geschlossenen Gartentür. Hatte er es mit einem Fabellöwen zu tun bekommen, dem *abwesenden Löwen*, der nicht zu dem gehörte, was der Fall ist, also nie und nimmer zur Welt? Aber, aber, dachte Blumenberg, dieser ganz andere weltabweisende Löwe kommt doch *in* etwas vor und ist damit auf eine neue und andere Art der *Fall*. Die Sprachspiele der Weltbenenner holen den Löwen ins Dasein und Leben zurück, murmelte er leise vor sich hin.

Zufrieden mit dem Wort *Weltbenenner*, welches er umstandslos auf sich münzte, ging Blumenberg zu Bett.

▸ Aus *Blumenberg* von Sibylle Lewitscharoff

Auf dem Spielplatz Ich mal jetzt das Landspiel auf, sagt Godknows und nimmt einen dicken Stock.

Kurz darauf malen wir alle das Landspiel auf den Boden, das geht heute richtig gut, weil die Erde nach dem Regen gestern genau perfekt feucht ist. Fürs Landspiel braucht man zwei Kreise: einen großen äußeren und innen drin einen kleinen, wo der Ausrufer steht. Man teilt den äußeren Kreis nach der Anzahl der Mitspieler auf und kriegt dadurch so schöne, saubere Spielfelder. Dann nimmt sich jeder einen Abschnitt und schreibt einen Landnamen rein, darum heißt es Landspiel.

Aber vorher müssen wir uns um die Namen streiten, weil alle bestimmte Länder sein wollen, also, alle wollen USA sein und England und Kanada und Australien und Schweiz und Frankreich und Italien und Schweden und Deutschland und Russland und Griechenland und so weiter. Ein Land-Land eben. Wer den Kürzeren zieht, muss sich mit Dubai und Südafrika und Botswana und Tansania und so was zufriedengeben. Kein Land-Land, aber das Leben ist besser als hier, das schon. Keiner will so ein lumpiges Land sein wie Kongo, Somalia oder Irak, wie Sudan, Haiti oder Sri Lanka oder auch das, in dem wir leben – wer ist schon gern ein schrecklicher Ort mit Hunger und Zerfall in jeder Ecke?

Wenn ich Glück habe, wie heute zum Beispiel, darf ich USA sein, das ist ein Land-Land; weiß schließlich jeder, dass USA der Obermacker auf der Welt ist. Für mich ist das jetzt mein Land, weil meine Tante Fostalina da wohnt, in Destroyedmichygen. Wenn sie ihre Sachen auf die Reihe gekriegt hat, kommt sie mich holen, dann wohne ich auch da. Sind die Namen dann verteilt, bestimmen wir den ersten Ausrufer. Der Ausrufer ist der in dem kleinen inneren Kreis, der das Spiel beginnt. Alle andern stehen im äußeren Kreis, mit einem Fuß in ihrem Land und dem andern draußen.

Dann ruft der Ausrufer ein Land aus, und das Spiel geht los. Der Ausrufer ruft aber nicht irgendein Land aus; er muss eins nehmen, das ihm später nicht gefährlich werden kann. Das ist wie im Krieg. In einem Krieg bekämpft man ja auch nicht einfach jemand Stärkeren, denn dann kriegt man den Arsch voll. Beim Landspiel genauso, am besten, man ruft jemand aus, der langsam ist und einen nicht schlagen kann. Wenn der Ausrufer ausruft, hauen wir ab, als wenn die Polizei persönlich hinter uns her wäre, außer das Land, das ausgerufen wurde; das rennt direkt in den inneren Kreis und ruft Stopp-stopp-stopp!

Wenn alle stehen, überlegt das neue Land im inneren Kreis, wen es auszählt. Beim Auszählen muss man mit höchstens drei Sprüngen bei einem Land draußen sein. Am besten, man nimmt das Land, das nah am äußeren Kreis dran ist, also den, der nicht so schnell weggerannt ist – da kann man schön gleichmäßige Sprünge machen; das andere Land ist dann ausgezählt, muss sich hinsetzen und zugucken. Aber wenn man als neues Land im inneren Kreis niemand in drei Sprüngen auszählen kann, weil man die anderen Länder nicht schnell genug gestoppt hat, bestimmt man den nächsten Ausrufer und ist raus aus dem Spiel. So geht es weiter, bis nur noch ein Land übrig ist, und das hat gewonnen.

Wir sind mitten im Spiel, und es wird gerade richtig spannend. Sudan und Kongo und Guatemala und Irak und Haiti und Afghanistan sind ausgezählt, sitzen an der Grenze und gucken den Länder-Ländern zu. Gerade laufen wir vor Nordkorea weg, da sehen wir, wie der große NGO-Laster am Fambeki vorbeifährt und auf uns zukommt. Wir hören sofort auf zu spielen und fangen an mit Singen und Tanzen und Hüpfen.

Am liebsten würden wir dem Lastwagen entgegenlaufen, aber das geht nicht. Beim letzten Mal waren die NGO-Leute so sauer, als hätten wir ein Verbrechen gegen die Menschlichkeit begangen. Also singen wir und warten, bis der Laster zu uns kommt. Das Warten tut weh; wir sehen, wie er immer näher kommt, aber gleichzeitig wirkt er weit weg, als wenn er gar nicht hier wäre, sondern irgendwo anders feststeckt, in einem anderen Land. Wir wissen, der Laster hat Geschenke, darum ist es so schwer, zu warten und ihm beim Kriechen zuzugucken.

Diesmal sind die NGOs spät dran; sie sollten letzten Monat am Fünfzehnten kommen, der Monat ist vorbei, und jetzt ist schon der nächste Monat. Wir haben den Spielplatz geräumt, weil der Laster sich hier hinstellen wird. Endlich kommt er, Staub schnaubend wie ein wütendes Ungeheuer. Jetzt singen und schreien wir, als wären wir echt durchgedreht. Wir blecken die Zähne und recken die Arme. Mit den Füßen scharren wir die Erde auf. Wir blinzeln durch den Staub und starren auf die Wagentüren und warten darauf, dass die NGOs rauskommen, hören aber nicht auf mit Singen und Tanzen. Wenn wir uns ins Zeug legen, sind sie nämlich beeindruckt und schenken uns vielleicht noch was und dann noch was und noch was, bis wir sagen, Bitte, NGOs, erschlagt uns nicht mit euren Geschenken!

Die NGO-Leute steigen aus, alle fünf. Es sind drei Weiße, zwei Frauen und ein Mann, denen sieht man gleich an, dass sie nicht von hier sind, und Sis Betty, die ist von hier. Sis Betty spricht unsere Sprachen, ich glaub, sie hat die Aufgabe, uns den Weißen zu erklären und die Weißen uns. Und der Fahrer ist wahrscheinlich auch von hier. Abgesehen davon, dass er fährt, sieht er nicht wichtig aus. Außer ihm tragen alle Sonnenbrillen. Augen gucken uns an, und wir können sie nicht richtig sehen, weil sie sich hinter einer Wand aus schwarzem Glas verstecken.

Die eine Frau versucht, uns in unserer Sprache zu begrüßen, und stottert so, dass wir lachen und lachen, bis sie es einfach auf Englisch sagt. Sis Betty erklärt uns die Begrüßung, obwohl wir sie verstanden haben, sogar ein Baum weiß, dass *Hallo, Kinder* »Hallo, Kinder« heißt. Wir sind jetzt so aufgeregt, wir klatschen in die Hände, aber die andere, die kleine hübsche Frau, winkt, damit wir uns setzen, wobei der Glitzer auf ihren Ringen in der Sonne funkelt.

Sobald wir sitzen, fängt der Mann mit seiner großen Kamera an zu fotografieren. Die machen einfach gern Fotos, diese NGO-Leute, wie echte Freunde und Verwandte irgendwie, die sich später zu Hause mit ihren anderen Freunden und Verwandten die Bilder angucken, auf uns zeigen und unsere Namen sagen. Es schert sie nicht, dass der Dreck und die zerfetzten Kleider uns peinlich sind, dass es uns lieber wäre, wenn sie das sein lassen; sie knipsen trotzdem, knips knips knips. Wir meckern nicht, weil wir wissen, dass nach dem Knipsen die Geschenke dran sind.

Dann will der Kameramann, dass wir aufstehen, und es geht weiter. Er verlangt nicht, dass wir *cheese* sagen, also machen wir es nicht. Als er Chipo mit ihrem Bauch sieht, steht er so verdattert da, dass ich denke, gleich lässt er die Kamera fallen. Dann erinnert er sich, was er hier wollte, und legt wieder los, diesmal mit ganz viel Fotos von Chipo. Als wenn sie plötzlich Paris Hilton wäre, die ganze Zeit klick-blitz-blitz-klick. Als er gar nicht mehr aufhört, dreht sie sich um, stellt sich an die Seite und runzelt die

Stirn. Das weiß ja sogar ein Backstein, dass Paris keine Paparazzi mag.

Jetzt stürzt sich der Kameramann auf den schwarzen Hintern von Godknows. Bastard zeigt drauf und lacht, und Godknows dreht sich um und hält die Löcher in seinen Shorts mit den Händen zu wie der nackte Mann aus der Bibel, aber ganz kann er seine Nackigkeit nicht verbergen. Alle lachen wir Godknows aus. Als der Kameramann sich Bastard vornimmt, zieht der seinen Hut und lächelt, als wenn er irgendwie attraktiv wäre. Und posiert dann rum: spannt die Muskeln an, stemmt die Hände in die Hüften, macht das V-Zeichen, setzt ein Knie auf den Boden.

Du darfst nicht lachen oder grinsen. Gar nichts von dem ganzen Blödsinn, sagt Godknows.

Du bist ja bloß neidisch, weil sie bei dir nur den Hintern draufhaben. Deinen dreckigen, rissigen, kaka Hintern, sagt Bastard.

Bin ich nicht. Worauf sollte ich neidisch sein, du Fratze?, fragt Godknows, auch wenn er dafür eine gewischt kriegen kann.

Ich mach, was ich will, Schwarzarsch. Außerdem will ich, dass sie mich sehen, wenn sie da drüben meine Bilder angucken. Nicht meinen Hintern, nicht meine dreckigen Klamotten, sondern mich.

Wer guckt sich denn deine Bilder an?, frag ich. Wer soll unsere Bilder sehen? Aber keiner antwortet.

Nach den Fotos die Geschenke. Zuerst versuchen

wir, uns ordentlich anzustellen wie Ameisen auf dem Weg zur Hochzeit, aber dann machen sie den Laster hinten auf, und plötzlich sind wir wie schwirrende Schmeißfliegen. Wir drängeln, wir schubsen, wir kreischen, wir brüllen. Wir torkeln mit ausgestreckten Armen nach vorn. Wir wollen greifen und schnappen und hamstern. Die NGOs stehen nur da und gaffen. Dann ruft die große Frau mit dem blauen Hut: Verzeihung! Ordnung! Ordnung, bitte!, aber wir lachen bloß und hechten und wogen und drängeln und johlen, als wenn wir nicht mal gesprochene Sprache verstehen. Wir passen aber auf, dass wir sie nicht anfassen, man merkt, dass sie uns zwar Sachen schenken wollen, aber anfassen oder angefasst werden lieber nicht.

Die Erwachsenen sind aus ihren Hütten gekommen und stehen etwas abseits wie aus dem Landspiel rausgezählt. Sie sagen nicht, wir sollen mit dem Drängeln aufhören. Sie sehen uns nicht an mit sprechenden Augen. Wir wissen aber, dass sie ohne die NGOs zu Gerten greifen oder mit bloßen Händen auf uns einprügeln würden, dass wir uns ohne die NGOs sowieso nie so aufführen würden. Aber jetzt sind die NGOs mal da, und so lange haben unsere Eltern nichts zu melden. Schließlich bringt Sis Betty uns zum Schweigen, sie schreit uns an, aber in unserer Sprache, vielleicht, damit die NGO-Leute nichts verstehen.

Was soll das, masascum evanhu imi? Liyahlanya,

meint ihr, diese teuren Weißen kommen extra aus Übersee ipapa, damit ihr euch wie Paviane aufführt? Wollt ihr mir Schande machen, hm? Futsekani, kaspert hier nicht so rum, zinja, benehmt euch auf der Stelle, sonst steigen wir ins Auto und fahren jetzt gleich mit dem ganzen Krempel weg!, sagt sie. Dann dreht sich Sis Betty zu den NGOs um und lächelt sie mit ihrer Zahnlücke an. Sie lächeln zufrieden zurück. Vielleicht meinen sie, dass sie uns ganz viel Gutes über sie erzählt hat.

Wir drängeln nicht mehr, hauen nicht mehr, schreien nicht mehr. Wir stellen uns wieder in eine ordentliche Schlange und warten geduldig. Die Schlange bewegt sich so langsam, dass ich kreischen könnte, aber am Ende kriegen wir alle unsere Geschenke und sind glücklich. Jeder von uns kriegt ein Spielzeuggewehr, ein paar Süßigkeiten und was zum Anziehen; ich krieg ein T-Shirt mit dem Wort *Google* vorne drauf und ein rotes Kleid, das unter den Achseln kneift.

Viel danke, sag ich zu der hübschen Frau, die mir meine Sachen gibt, um ihr zu zeigen, dass ich Englisch kann. Sie sagt nichts zurück, als hätte ich irgendwie nur gebellt.

Sobald wir unsere Sachen haben, sind die Erwachsenen an der Reihe. Sie bilden ihre Schlange und versuchen, gleichgültig zu gucken, als hätten sie eigentlich was Besseres zu tun. In Wahrheit meckern sie andauernd, dass die NGOs sie vergessen haben, dass sie öfter kommen sollten, NGO hier und NGO da, als wenn die NGOs irgendwie ihre Eltern wären. Kurz darauf kriegen die Erwachsenen Päckchen mit Bohnen und Zucker und Maismehl, aber an ihren Gesichtern merkt man, dass sie nicht zufrieden sind. Sie gucken die winzigen Pakete an wie etwas, das sie gar nicht haben wollen und das ihnen peinlich ist, aber am Ende drehen sie sich um und gehen mit den Sachen in ihre Hütten zurück.

Nur MotherLove stellt sich nicht in die Schlange. Sie steht da wie ein Baobab in ihrem bunten Kleid mit den vielen Sternen und sieht sich das Ganze von der Seite an. In ihrem Gesicht ist Traurigkeit. Die eine NGO-Frau nimmt ihre Sonnenbrille ab und winkt MotherLove, aber MotherLove steht nur da und winkt nicht zurück, lächelt nicht, gar nichts. Sis Betty hält ein paar Päckchen hoch.

Hawu, MotherLove!, gurrt Sis Betty so komisch wie jemand, der ein dummes Kind locken will. Komm doch, bantu, siehst du denn nicht, dass wir dir Geschenke bringen? Die NGOs halten MotherLove auch Päckchen hin, und die beiden weißen Frauen blecken sogar die Zähne wie grinsende Hunde. Alle warten ab, was MotherLove macht. Sie dreht sich um und schreitet davon mit geradem Kopf, klimpernden Armreifen und glänzenden Sternen, und nachdem sie verschwunden ist, riecht man noch immer ihren Zitronenduft.

Als der NGO-Laster am Ende wegfährt, starten wir

durch und rennen hinterher; wir haben, was wir wollten, und scheren uns nicht drum, wie sie uns haben wollen. Wir winken mit unseren Spielzeuggewehren und Geschenken und brüllen, was sie uns nächstes Mal mitbringen sollen: Schuhe, All Stars, Bälle, Handys, Kuchen, Unterwäsche, Getränke, Kekse, US-Dollars. Das Gestöhne vom Laster ertränkt unsere Stimmen, aber wir rennen und rufen trotzdem weiter. An der Mzilikazi halten wir an, weil wir ja nicht auf die Straße dürfen. Sbho schreit, *Nehmt mich mit!*, und dann schreien wir das alle, schreien und schreien, als hätte jemand verraten, dass der Laster umkehrt und den mitnimmt, der am lautesten schreit.

Der Lastwagen wird kleiner und kleiner und am Ende ein Punkt, und als er weg ist, kehren wir um und gehen zur Siedlung zurück. Wo der Laster jetzt weg-weg ist, schreien wir nicht mehr. Wir sind still wie Gräber, traurig wie die Erwachsenen, wenn sie ihre Toten begraben haben. Dann sagt Bastard, Los, wir spielen Krieg, und schon laufen wir und legen uns gegenseitig um mit unseren nagelneuen Spielzeuggewehren aus Amerika.

▸ Aus *Wir brauchen neue Namen* von NoViolet Bulawayo

Im Büro Es gibt Vormittage in Schusterwerkstätten, Vormittage in Straßen und Vormittage auf den Bergen, und letztere mögen so ziemlich sicher das Schönste auf der Welt sein, aber ein Bankhausvormittag gibt entschieden noch mehr zu denken. Nehmen wir einmal an, es sei Montagvormittag, das ist nämlich von allen Vormittagen der Woche der vormittäglichste, und der Montagvormittagsduft kommt in Buchhaltereien großer Bankinstitute vortrefflich zur Verteilung.

Da sind in so einem Saal an die zehn bis fünfzehn Pultreihen mit Gängen zum Revuepassieren, an jedem Doppelpult arbeitet ein Paar Menschen. Man pflegt von Schuhpaaren zu reden, warum sollte es nicht auch gelegentlich einmal in der Ordnung sein, wenn man von Menschenpaaren spricht? Zuoberst im Saal steht das Pult des Vorstehers. Der Abteilungschef ist ein sackdicker Mann mit ungeheuerlichem Gesicht auf dem Rücken. Das Gesicht stemmt sich unmittelbar, ohne des Halsansatzes zu bedürfen, an den Rücken, und es ist brandrot und scheint immer zu schwimmen. Es ist zehn Minuten nach acht, Chef Hasler überfliegt mit ein paar gutgezielten Blicken den Raum, um zu prüfen, ob alle da sind. Zwei fehlen, und das ist natürlich wieder der Helbling und der Senn.

In diesem wichtigen Moment schießt Buchhalter

Senn, ein hagerer, spitzer Mann, hustend und pustend herein. Hasler kennt diesen Husten, das ist ganz einfach die Bitte um Entschuldigung. Wenn die Menschen zu stolz und zu verbohrt sind, den Mund aufzutun, um sich anstandshalber zu entschuldigen, husten sie. Senn steckt mit rasender Behendigkeit seine Nase in seine Bücher und tut, als sei er bereits stundenlang an dem Arbeitchen. Zehn Minuten sind wieder vergangen. Es ist zwanzig nach acht. »Unerhört sei doch das jetzt bald«, denkt Hasler, da tritt Helbling auf.

Ganz und gar vermontaget, bleich und verwirrt im Gesicht, und schießt wie ein Pfiff an seinen Ort und Stelle. Wirklich, entschuldigen, das hätte er sich können. In Haslers Teich oben, will sagen Gehirn, taucht folgender Gedanke wie ein Laubfrosch auf: »Das hat nun aber bald jetzt keine Art mehr.« Er geht leise zu Helbling und stellt sich hinter ihm auf und fragt ihn, warum er nicht, wie die andern, zur rechten Zeit erscheinen könne. Das nehme ihn denn doch bald jetzt einmal wunder. Helbling erwidert kein Wort, er hat es sich bereits seit geraumer Zeit zur Gewohnheit gemacht, die Fragen seines Vorgesetzten einfach unbeantwortet zu lassen. Hasler kehrt wieder auf seinen quasi Aussichtsturm zurück, von wo aus er die Buchhaltung dirigiert.

Halb neun. Helbling zieht seine Sackuhr hervor, um ihr Gesicht mit dem Gesicht der großen Bureauuhr zu vergleichen. Er seufzt, es sind erst zehn kleine, winzige, dünne, zarte, spitze Minuten verflossen, und vor ihm stehen dicke, behäbige Stunden. Er bemüht sich, zu versuchen, ob es ihm möglich sei, den Gedanken zu fassen, daß er jetzt arbeiten müsse. Der Versuch mißlingt, aber der Versuch hat immerhin das Gesicht der Uhr ein wenig verschoben. Es sind weitere fünf zierliche, liebe Minuten dahingeschwunden. Helbling liebt die Minuten, die gegangen sind, aber dafür haßt er die, die noch kommen, und die, die ihm den Anschein erwecken, daß sie nicht recht vorwärts machen wollen. Er möchte solchen faulen Minuten jedesmal Stöße versetzen. Er prügelt in Gedanken die Minutenzeiger tot. Den Stundenzeiger wagt er überhaupt nicht anzuschauen, er hat sonst Anlaß, zu fürchten, er werde ohnmächtig.

Ja, so ein Bankhausvormittag, so eine Welt zwischen Pulten. Sonne schimmert draußen. Jetzt aber geht Senn zum Fenster, er hat jetzt genug, wie er sich ausdrückt, und er reißt barsch und aufbegehrerisch die beiden Flügel auf, um Luft hereinzulassen. Das sei noch kein Wetter zum Fensteraufmachen, bemerkt Hasler zu Senn hinüber. Der dreht sich um und spricht Worte zu seinem Chef, wie sie eben sich nur ein langjähriger Angestellter oder Beamter erlauben darf. Aber bald wird es dem Hasler zu dick, und er verbittet sich »diesen Ton«. Das Gefecht ist damit abgebrochen, das Fenster geht zur Hälfte wieder sanft zu, Senn murmelt ein paar Worte zu sich, jetzt herrscht für einige Zeit Frieden.

Fünf Minuten vor neun. Wie entsetzlich langsam für Helbling die Zeit geht. Er fragt sich, warum es jetzt nicht ebensogut schon neun Uhr sein könne, das wäre wenigstens schon eine Stunde, es gäbe nachher noch mehr als genug. An diesen fünf Minuten schält er so lange herum, bis sie langsam vorüber sind; jetzt schlägt es neun. Jeder Schlag, den das Werk macht, wird von einem Seufzer aus Helblings Mund begleitet. Er rupft seine Taschenuhr hervor, sie hat ebenfalls neun, diese doppelte Bestätigung macht ihn traurig. »Ich sollte eigentlich nicht soviel auf die Uhr schauen, das kann nicht gesund sein«, denkt er und fängt an, seinen Schnurrbart zu liebkosen. Das merkt einer seiner Kollegen, Meier vom Land, dieser wendet sich zu Meier von der Stadt hinüber und sagt leise zu ihm: »Ist das nicht eine Schande, wie jetzt der Helbling wieder seine Zeit totschlägt.« Ein Rechteck von Köpfen dreht sich auf diese geflüsterte Bemerkung hin nach der Richtung um, wo Schnurrbärte gedreht werden. Diese Bewegung wird von Hasler beobachtet, bald weiß er Bescheid, er geht leise zu Helbling und stellt sich zur Abwechslung wieder einmal hinter ihm auf.

»Was machen Sie da, Helbling?«

Und jetzt antwortet der freche Mensch wieder nichts. »Sie können wohl so gut sein und mir antworten, wenn ich Sie etwas frage. Das ist mir jetzt bald ein Benehmen, das. Zuerst kommen Sie eine halbe Stunde zu spät (Helbling sagt: »Das ist nicht wahr« und will fortfahren: »ich bin nur zwanzig Minuten zu spät gekommen«), dann besinnen Sie sich noch, ob Sie arbeiten sollen, und schließlich wollen Sie noch aufbegehren. Das kann nicht mehr so weitergehen. Zeigen Sie, was haben Sie geleistet.« Und Hasler prüft mehr mit dem Kinn als mit den Augen, was jetzt Helbling anfangs getan hat. Er bemerkt drei Zahlen und den Versuch zu einer vierten. Ob das alles sei? Helbling sagt, er habe den guten Willen gehabt, zu arbeiten, aber wenn er keine rechten Federn mehr habe, so sei es schwer, vorwärts zu kommen. Dann solle er sich doch gefälligst, wenn es ihm etwa bald einmal passend erscheine, Federn anschaffen. Faule Ausrede. Und Hasler schwimmt in seine Festung zurück. Dort angelangt, zieht er einen Apfel aus dem Pult und arrangiert ein zweites Frühstück. Helbling nimmt Gelegenheit, schnell einmal »auszutreten«. Meier vom Land macht seine Kollegen auf Helblings »Austritt« aufmerksam.

Volle dreizehn Minuten, es ist ihm genau nachgerechnet worden, ist Helbling »draußen« geblieben. Während dieser Zeit haben sich an die zehn jüngere und ältere Kollegen der Reihe nach an des Ausgetretenen Pult und Leistung herangemacht, um die drei Zahlen anzuschauen. Einen Moment später weiß es die ganze Buchhaltung, daß Helbling in einer Stunde drei Zahlen fertigbringe, Meier vom Land ist von Pult zu Pult gegangen und hat die Sache zu allgemeiner Verbreitung gebracht. Einer geht »hinaus«, um zu sehen, was »er« mache. Später tritt dieser Er wieder ein.

Inzwischen ist es halb zehn geworden. Von draußen her tönt eine helle, schöne weibliche Stimme in den Saal hinein, es ist anscheinend eine Sängerin, die übt. Ja, in der Nähe, so vielleicht zwei Häuser weiter dem Bahnhof zu, das kann stimmen. Einige von den Bureaulisten heben die Federhalter aufrecht und überlassen sich dem Genuß des Zuhörens. Helbling scheint auch wieder einmal musikliebend zu sein. Außerdem gähnt er jetzt mehrere Male. Eine Sekunde später tätschelt er sich mit der flachen Hand auf die Backe, um Zeit verstreichen zu lassen. Das Tätscheln erstreckt sich über zirka fünf volle Minuten. »Jetzt tätschelt er sich«, tuschelt Meier vom Land in das Ohr von Meier aus der Stadt. »Herrliche Stimme das, da draußen«, meint Glauser, einer der Arbeitenden. Die frauliche Singstimme ruft ein gewisses Geräusch im Saal hervor. Der Chef der Korrespondenz, Steiner, hört ebenfalls zu, und das will etwas heißen. Auf Haslers Treppenabsätzen von Lippen glänzt Apfelsaft wie auf wirklichen Treppen gelbes Wachs, das wischt er sich jetzt mit seinem rotgewürfelten Schnupftuch ab. »Schöne Stimme von draußen her! Draußen ist Luft und Natur!« Der kleine Glauser denkt das, er ist dichterisch veranlagt. Helbling geht zu Glauser hinüber, in der bestimmten Absicht, durch einen kleinen Spaziergang Zeit totzumachen. Schließlich schwatzt Glauser auch gern ein bißchen, obschon er ein Streber ist, der sich beständig Mühe gibt, Haslern zu gefallen. Hasler treibt Helbling mit Blicken an seine Wirkungsstätte zurück, aber es sind immerhin wieder zwölf Minuten gestorben. Auch der Gesang ist gestorben.

Alle diese Leute im Saal wissen nicht, was sich da unten auf der Straße bewegt. Und die Wellen draußen im nahen See, was machen sie, und der Himmel, wie kann er aussehen? Einzig Senn, der leicht zum Aufbegehren Geneigte, der struppige, zugespitzte Revolutionär, erlaubt sich, ein Momentchen lang seinen Kopf an die frische Luft zu führen. Dafür wird er aber von der Kapitänskabine aus mit einem zischenden, langgezogenen Laut gestraft: »So etwas!« Hasler schüttelt seine Parkanlage oder Kopf mißbilligend hin und her, worauf Senn, um dem Hasler wieder einmal so recht eins zu putzen, ohne Veranlassung in seinen Büchern mit dem Radiermesser zu radieren beginnt, was der Chef auf den Tod hinein haßt.

Zehn Uhr! »Erst die Hälfte«, denkt Helbling mit dem Gefühl, eine Unsumme von Melancholie zu unterdrücken. Jetzt, jetzt möchte er brüllen. Ob er wohl gut täte, wieder ein bißchen »auszutreten«? Er wagt es nicht recht. Dafür bückt er sich jetzt an den Boden herab, gleichsam, als habe er etwas fallen lassen, wovon keine Rede ist. In der tiefgebückten Haltung verharrt er ganze vier Minuten, als hätte dieser Zeitraum gerade genügt, seine Schuhe zu binden oder einen Bleistift aufzulesen. Ihm ist schaurig zumute. Er fängt an, sich vorzumalen, es sei zwölf Uhr. Auf den Schlag zwölf würde er augenblicklich die Feder wie ein Erdarbeiter seine Schaufel fallen lassen und davonrennen, wie gottvoll. Indem er sich so seinen Träumereien hingibt, ist Hasler abwechslungsweise hinter ihn geschlichen, um ihn zu beobachten.

»Was machen Sie da?«

»Ich bin jetzt am ›Ausland‹-Zusammenstellen.«

»Ich glaube, Sie sind bald eher im Ausland als am ›Ausland‹-Zusammenstellen. Wenn Sie aber jetzt nicht bald arbeiten, so will ich dann einmal ganz andere Saiten aufziehen. Schämen Sie sich, und nehmen Sie sich zusammen. Wenn alles Ermahnen jetzt nichts nutzt, werde ich mit Herrn Direktor ein Wort reden, passen Sie gut auf. Lassen Sie es sich gesagt sein.«

Und das Walroß wirft sich wieder auf seine Sandbank zurück. Der ganze Saal ist angenehm aufgeregt, ein Konflikt Helbling – Hasler bringt immer wieder von neuem erwünschte Luftveränderung. Helbling schrittwechselt zu Meier vom Land hinüber und bittet ihn, ihm behilflich zu sein, Zahlen abzulesen. Nach dem Zahlenablesen ist es (o, zersprängen doch jetzt die Adern der Welt!) halb elf Uhr geworden. Eine feierliche Blechmusik geht unten in der Straße vorüber, alles rennt an die Fenster, es ist der Zug, der die Leiche eines früheren Bundesrates auf den Friedhof begleitet. Selbst der für das meiste Geschehen unempfindliche Chef der Korrespondenz ist aufgesprungen, um hinunterzuschauen. Dieses Vorkommnis ist mit fünfzehn Minuten in Anrechnung zu bringen. Jetzt ist es dreiviertel elf. Helbling ist halb unvernünftig geworden, er tupft alle Augenblicke seine Stirn an den Rand des Pultes und netzt sich die Nase mit Tinte, damit er mit Abwischen Zeit verschlingen kann. Zehn Minuten sind verrieben worden, jetzt sind es noch vier entzückend wenige Minuten bis elf. Diese vier Minuten werden einfach eine nach der andern abgewartet. Um elf Uhr tritt Helbling »schon wieder« aus. Er sei wieder einmal ausgetreten, der Lump, heißt es in der Mitte des Saales. Viertel zwölf, zwanzig nach elf, halb zwölf.

Der kleine Glauser sagt zu Senn, jetzt sei es halb zwölf und, wie er eben bemerkt habe, habe der Helbling noch überhaupt keinen Streich getan. Meier vom Land geht zu Hasler, um ihn zu benachrichtigen, daß er heute eine halbe Stunde früher fortgehen müsse, weil er einen durchaus notwendigen Gang zu besorgen habe. Helbling hat sich umgedreht und lauscht dem Gespräch zu. Er beneidet Meier vom Land wahnsinnig. Von der Straße her tönen die Räder von schnellfahrenden Wagen herauf, gegenüber dem Saal erscheint in einer Fensteröffnung die Figur eines teppichbürstenden herrschaftlichen Dieners, Helbling verbringt jetzt eine gute Viertelstunde damit, dort hinüberzuschauen. Zum noch Anfangen mit Arbeiten ist es jetzt seiner Meinung nach doch wohl zu spät. Senn macht sich abdampffertig, Helbling sieht zu, wie sich Senn abfliegefertig macht. Zwei Minuten vor zwölf setzten sich verschiedene die Hüte auf und wechseln die Röcke, Helbling ist bereits auf der Straße, Hasler ist schon fünf Minuten vorher gegangen. Der Vormittag ist überstanden.

▸ »Ein Vormittag« von Robert Walser

Auf der Terrasse Der Fahrer des einzigen Taxis auf der Insel war ein großer, hagerer Mann mit verschwindend kleinen Augen und einem spärlichen braunen asymmetrischen Schnurrbart. Er fuhr seine wackelige alte Karre in einer Art betrunkenem Zickzack, von einer Straßenseite zur anderen. Schrille, kaum glaubliche Schreie »Taxi! Taxi! Taxi!« ertönten hinter den Felsen und in den Hügeln, sogar vom Meer her. Es stellte sich heraus, daß der Mann ein Bauchredner war. Dieser »Taxi!«-Schrei war seine Masche, und sein einziger Witz. Alle paar Sekunden verlangte er, dafür gepriesen zu werden. »Taxi!« kreischte er von einem vorbeifahrenden Motorrad oder Eselskarren. »Taxi!« ertönte es hinter einer Kuh. Er bestand darauf, daß seine Fahrgäste lachten, sich umdrehten, erstaunt dreinblickten, ganz baff waren. Pausen ließ er gar nicht erst aufkommen. Wenn Fahrgäste ihre Unterhaltung wieder aufnahmen oder sonstwie zu verstehen gaben, daß sie nicht mehr bei der Sache waren, steigerte er seinen Wagen zu noch wilderem Zickzack und seine Stimme zu immer neuen und immer schrilleren Schreien. Manche hielten ihn für einen charmanten Exzentriker. Es war mir dennoch nie aufgefallen, was für ein Kuriosum, intellektuell gesehen, die Radiobauchrednerei schon immer gewesen ist.

Gegen Ende jenes Sommers sprach keiner von uns mehr in einer ihm geläufigen Sprache. Manchmal, in Gegenwart eines Spaniers, der Französisch sprach, aber kein Englisch, unterhielten sich zwei Amerikaner einen ganzen Abend auf französisch, mit ihm und untereinander. Manchmal, in Gegenwart eines Amerikaners, der natürlich kein Portugiesisch sprach, unterhielten sich sechs Brasilianer einen ganzen Abend auf italienisch, mit ihm und untereinander, obwohl der Amerikaner auch Italienisch nicht konnte. Manchmal – irrtümlich oder weil diese Übung langsam zur Gewohnheit wurde – unterhielt sich jedermann einen ganzen Abend in einer Sprache, die niemandes Muttersprache war und mit der niemand zurecht kam. Wir standen unter höllischem Zugzwang. Einmal wurde ein schwergewichtiger Mann mit starkem Akzent oder einer Mixtur von Akzenten von einer jungen französischen Schauspielerin zum Abendessen mitgeschleppt. Er wurde als Boris eingeführt. Er sagte, er sei Arzt. Als jemand fragte, was für eine Art Arzt, sagte er: »Mnh, mnh, Heilander«, mit einem »h«, als hätte ihm jemand einen Medizinball zugeworfen. Bei seiner Arbeit, sagte er, verwende er einen Spruch, von dem er gut und gerne behaupten müßte, es sei der mnh, mnh heilanderndste Spruch in allen Sprachen. »Der Herr ist mein Hirte«, begann er. »Ich nix mangeln tun. Auf grüne Moos er lernt lagern mich. In Ruhestellung im Wasser er mich führen tun. Und dann mein Verlangen stillen tun. Mnh, ha, und ob ...« rumpelte er lang und breit zu Ende. Darauf wußte niemand mehr so recht, was er sagen sollte. Später, als ich mich neben ihm auf einem Sofa sitzend wiederfand, fragte ich ihn nach seiner Nationalität. Seine Antwort war lang und tief. Ich verstand kein Wort. Ich fragte ihn nach der ersten Sprache, die er gesprochen hatte. Ein weiterer inbrünstiger Monolog. Auch den bekam ich nicht mit. Ich versuchte eine andere Masche. Was für eine Sprache, fragte ich, ginge ihm denn am leichtesten von der Zunge. »Mnh, mnh, ah«, sagte er, suckelte an seinem Wodka und brachte es gleichzeitig fertig, vielsagend auszuatmen. »Ich spreche die Sprache der Liebe.«

Die Insel war baumlos. Felsig und kahl, hier und da ein bißchen grünes Buschwerk und hier und da ein bißchen schwärzlich-versengtes Buschwerk, trieb sie im Ozean wie ein durchgesupptes Hühneraugenpflaster. Es gab Banditen im Inneren und Gehöfte mit Ziegen, die von dem wenigen Grünzeug im trockenen Erdreich zwischen den Felsen lebten. Die Inselbewohner scherten sich einen Kehricht um die Küste. Sie fürchteten das Meer. Sie fischten nicht. Sie konnten nicht schwimmen. Für sie steckte das Meer von oben bis unten voller Malaria. Vor vierzig Jahren hatten amerikanische Stipendiaten der Malaria hier den Garaus gemacht. Aber immer noch hinterließen die Inselväter, im Mißtrauen gegen die Küste seit Generationen, ihren Söhnen das Ziegenzüchter-Innenland und ihren Töchtern den Strand, wo es nichts zu züchten gab. Das Resultat war, daß die Inselfrauen – als die Vorreiter des Jet-sets kamen, mit ihren Yachten und ihren Architekten und ihrem Trachten nach einem Stück unverschmutzten Meer – ihre Strände zu verkaufen anfingen und ungeheuer reich wurden. Sie trugen immer noch Schwarz, und ihre Zähne waren schlecht. Aber sie reisten per Flugzeug zum Festland, vom neuen Flughafen aus. Sie flogen zum Shopping nach Ostia, Turin und Rom. Binnen zehn Jahren hatten ihre Söhne und Männer den gesamten Rest des Geldes verpulvert für Autos, Zubehör und Wahnsinnsprojekte, um noch reicher zu werden. Nun waren sie wieder arm.

Die Jet-set-Vorreiter hatten inzwischen ihre Häuser gebaut. Was von den Küstenstrichen übrig war, gehörte Konsortien. Hotels schossen hoch. Die Inselsöhne und die Inseltöchter arbeiteten jetzt in Touristenhotels. Im Innenland waren weiterhin die Banditen am Werk. An der Küste, in den Häusern der Vorreiter, bildete sich eine kommunistische Partei. Die Partei fegte natürlich auch durch die Hotelhallen mit ihren Angestellten; aber die Hotelangestellten riskierten ihre Entlassung, was den Bediensteten in den Privathäusern nicht blühte. Die Eigentümer verbrachten so viele Monate im Jahr anderswo. Also wurde aus den uniformierten Ehepaaren in diesen hübschen Häusern die Parteispitze. Hotelkellner, Kellnerinnen, Zimmermädchen, Portiers und Gepäckträger, Parteimitglieder allesamt, hüteten sich weiter vor der Geschäftsleitung, vor den Mandarinen im Verkaufsbüro und, am allermeisten, vor den Köchen. Die Köche waren pathologisch, aufbrausend, griesgrämig, individualistisch und elitär bis auf die Knochen. Aber: wenn dann die Nachsaison kam, besonders dann, fanden auch die Hotelkader Gelegenheit, an den Versammlungen ihrer Parteizellen teilzunehmen, in den Küchen und Salons der abwesenden Reichen.

Wir sahen Boris nicht wieder nach dem Abend, an dem wir ihn kennengelernt hatten. Noch sahen wir die Schauspielerin wieder. Bunt gemischt, wie wir es an unserer Küste und in unserem Haus alle waren, liebäugelten wir mit Ausdrücken, übernahmen ständig die Wörter und Phrasen des anderen. *»Écoute«*, sagte Marge Brown dann zu ihrem Vierjährigen und ihrem Mann. »*Écoute*, Bunny. Joe, bitte. *Écoute*.« Jedermann fluchte ununterbrochen. Die Sprache dafür war Englisch. Elio Kahns Französisch war perfekt, abgesehen von seinem Akzent – der reinste Schrecken. Er kultivierte diesen Schrecken. Es paßte zu seinem Humor. Sein präzises Französisch, in breitplattem Südstaatenamerikanisch, verlieh dem, was er sagte, zudem etwas von einer Sprache auf Sparflamme, so als ob seine Worte eine eingebaute Spätzündung hätten. Eines Abends, als wir auf der Terrasse eines Nachbars saßen, ging eine der schönsten jungen Küstenfrauen träumerisch vorbei. Marge bemerkte, sie sähe älter aus. Joe sagte, sie sähe verschlampt aus. Selbst Greg, der kaum je was sagt, sagte: scheint, als sei sie eine ganz schöne Strecke älter geworden. Und Elio, Elio lehnte sich einfach zurück und sagte: »Doch, doch. Sie sieht schon *un peu défraîchie* aus.« Greg, der den Winter in einem Kloster auf Patmos verbracht hatte, nannte ein einziges griechisches Wort sein eigen: *Oreia*. Es hörte sich an wie ein Ausruf der Zustimmung oder der Freude. Er gebrauchte es ohne Unterlaß, in einem so matten, kalten und verzweifelten Ton, daß wir alle anfingen es zu mögen. *Oreia*, sagten wir, wenn der Kellner, nach vier Stunden, unser Essen brachte. *Oreia*, wenn nach neun vollen Tagen der Regen aufhörte. *Oreia*, wenn das Radio, mausetot fast jeden Abend, aufwachte und die Nachrichten sprach.

Nicht, daß man uns direkt haßte auf der Insel – oder wenn, dann war zu vermuten, daß man alle anderen noch mehr haßte. Wir waren nicht direkt Hauseigentümer, nicht direkt Touristen, nicht direkt Zelebritäten, Auswanderer oder Hippies, nicht direkt irgend etwas. Wir waren nicht immer zur gleichen Zeit da. Keiner von uns blieb je lange. Wir waren nicht da aus Langeweile. Wir kamen, aus unseren verschiedenen Richtungen, schon seit so vielen Jahren hierher.

▸ Aus *Rennboot* von Renata Adler

Im Klassenzimmer Wie ernst sie aussah. Erika. Aufmerksam. Las ihre Antworten noch einmal durch. Wie die Augen unruhig die Zeilen überflogen, der Mund einzelne Wörter ausbuchstabierte. Sie überlegte und schrieb noch was hin. Selbst mit offenem Mund war sie schön. Jetzt flackerte schon wieder die Neonröhre. Ging aus. Ellen saß fast im Dunkeln. Genug. Die Zeit war sowieso vorbei.

»Zum Ende kommen. Der Countdown läuft.« Endspurt. Sonst machten sie alles nur noch schlimmer.

»Noch zehn Sekunden.« Sie kannte das. Zum Schluss schrieben sie immer noch irgendeinen Blödsinn hin. Einfach so. Damit irgendwas dastand.

»Stifte und Finger weg.«

Wieder Stöhnen, aber sie gehorchten. Alle taten total erschöpft, als ob sie irgendwas geleistet hätten. Immerhin waren sie gefügig. Beste Voraussetzungen, um sie mit neuen Sachverhalten zu konfrontieren. Sie hievte die große Rolle auf den Ständer. Der schwarze Tragegriff hielt das Kartenwerk. Beschichtetes Leinen, abwaschbar und etwas rissig, aber das Schaubild war bestechend klar und schön. Nirgendwo waren die Mendel'schen Gesetze der klassischen Vererbung simpler und eindrucksvoller dargestellt als hier. Das Kreuzungsschema zweier reinerbiger Rinderrassen. Dominant-rezessiver Erbgang. Ein Kessel

Buntes. Ganz oben traf ein schwarzweiß gescheckter Stier auf eine rotbraune Kuh. Was dabei rauskam, waren schwarze Kälber. Aber dann, eine Generation weiter, geschah das Erstaunliche, die regelhafte Aufspaltung der Merkmale: Sechzehn, vier mal vier Möglichkeiten. Lauter bunte Bastarde.

»Wie Merkmale verschwinden und wieder auftauchen, unterliegt bestimmten Gesetzen und lässt sich vorhersagen. Schreiben Sie mit: Sobald zwei reinerbige Individuen gekreuzt werden, die sich in mehr als einem Merkmal unterscheiden, kommt es in der zweiten Tochtergeneration zu einer echten und dauerhaften Neukombination von Erbanlagen.« Alles zeigte sich in der zweiten Tochtergeneration. Das Zurückfallen zu den elterlichen Typen. Zu den Großeltern. Claudias Kind würde seiner Großmutter, also ihr, mehr ähneln als Claudia selbst. Ein Dreiklang. Drei Generationen unter einem Dach. Früher war das ja üblich. Ihr Enkelkind könnte noch einmal ihre blauen Augen bekommen. Hell, ohne Pigmente. Sie wusste nicht mal, welche Augenfarbe dieser Typ hatte. Auf dem Foto war ja nichts zu erkennen gewesen. Das Gesicht vom Grinsen entstellt. Irgendein Mann. Der eine andere Sprache sprach. Ein Fremder. Das Kind würde nicht nach Hause kommen. Claudia würde nicht bauen. Nicht auf den Polderwiesen. Nicht im Sauerland. Nicht im Speckgürtel von Berlin, wohin der Sohn der Bernburgerin gezogen war. Warten brachte nichts. Nichts würde sich auszahlen. Die Rechnung ohne den Wirt gemacht. Wenn sie aber doch noch ein Kind bekäme. Schließlich hatte sie ja geheiratet. Einen Enkel auf einem anderen Kontinent. Zwölf Flugstunden entfernt. Das Kind könnte sie nicht verstehen. Sie konnte nur ein paar Worte. Heiße Kartoffeln im Mund. Mickey-Maus-Englisch. Claudia hatte sich immer lustig gemacht. Diesen Drang, abzuhauen, hatte Claudia von Wolfgang. Immer, wenn es kompliziert wurde, verließ er den Raum. Damals war er auch einfach gegangen. Hatte Ilona und die Kinder zurückgelassen. Für sie. Das war heute kaum noch zu glauben.

»Frau Lohmark?«

»Ja, Paul.«

»Warum heißt das eigentlich Tochtergeneration?«

»Wie soll es denn sonst heißen?«

»Naja.« Er fummelte an seiner Kapuze herum. »Zum Beispiel vielleicht Sohnesgeneration?« Das hier würde länger dauern. Sie stand auf und lehnte sich ans Pult.

»Der Beitrag der Männer zur Fortpflanzung ist letztendlich gering. Was sind schon Millionen von Samenzellen gegen eine große Eizelle, die nur einmal im Monat reift?« Was war schon der hastig ausgeführte Geschlechtsakt auf einem Hochstand gegen neuneinhalb Monate Tragezeit?

»Jeder Mann wird von einer Frau geboren. Es gibt weder Sohneszellen noch Sohnesgenerationen. Die Fortpflanzung ist weiblich.«

Die Mädchen kicherten. Davon konnten sie noch mehr haben.

»Warum zum Beispiel haben auch Männer Brustwarzen? Obwohl sie nicht stillen müssen.«

Ratlosigkeit.

»Erogene Zone?« Kevin. Wer sonst.

»Weil die Embryogenese grundsätzlich erst einmal das Weibliche vollzieht. Auch wenn vom Moment der Befruchtung an klar ist, welches Geschlecht der Embryo einmal haben wird. Das Ypsilon ist nur dafür da, dass die Entwicklung zum Weiblichen unterdrückt wird. Männer sind Nicht-Frauen.«

Auf einmal hörten sie zu. Jetzt, in diesem Moment, begriffen sie einen Sachverhalt zum allerersten Mal. Die Rechnung ging auf. Endlich fraßen sie das Korn, das sie seit Wochen ausgestreut hatte. Wenn man den Straußen einen Sack über den mickrigen Kopf zog, ließen sie sich ruhig führen, und man konnte alles mit ihnen machen. Ich sehe was, was du nicht siehst. Jetzt nur noch in aller Ruhe die Schlinge zusammenziehen.

»Die meisten Erbkrankheiten liegen auf dem X-Chromosom. Deshalb haben Männer keinerlei Ausgleich. Sie sind anfälliger, und sie sterben früher.« Fast konnten sie einem leidtun. Sie hatten wirklich einiges zu kompensieren. Deshalb mussten sie sich auch so viel einfallen lassen: Erfindungen und Kriege. Geheimdienstüberwachung. Reden auf dem Schulhof. Straßenumbenennungen. Straußenzucht.

In der Kastanie draußen hockte eine Gruppe von Krähen. Sie zankten sich um die besten Plätze. Aber keine verließ den Baum. Sie waren klug. Die konnten Freunde von Feinden unterscheiden. Obwohl die Vögel gezwungen waren, beim Gehirn Gewicht einzusparen, um flugfähig zu bleiben. Eine Krähe hackt der anderen kein Auge aus. Die Strauße hatten kleine Hirne und konnten trotzdem nicht fliegen. Claudia fehlte Wolfgang nicht. Er war ja daran gewöhnt, nichts von seinen Kindern zu wissen. Seine Ältesten hatten damals unterschrieben, dass sie keinen Kontakt mit ihm wollten. Er würde seine Kinder wohl nicht mal auf der Straße wiedererkennen. Warum auch. Zu sagen hatten sie sich nichts. Bei seinem Bruder war es das Gleiche. Der Sohn aus erster Ehe. Wie aus dem Gesicht geschnitten. Und die Gesten, die ganze Haltung. Ein Reiben an der Nase, leicht vornübergebeugt. Mit Männern war das eben anders. Die kümmerte der Nachwuchs nicht. Die hatten Arbeit und Hobbys: Computer, Autos, Fallschirmspringen, Skat, Strauße. Ihr Vater war immer in den Wald gegangen. Zum Jagen. Aber ihre Mutter hatte keine Lust, die Sammlerin zu spielen. Das hatte nicht lange gutgehen können. Eine einfältige Frau. Kühl. In ihrer Jugend vielleicht einmal reizvoll. Später aber war ihre Schönheit nichts als eine kühne Behauptung gewesen. Sie war bestenfalls gepflegt. Noch im Krankenhaus machte sie sich zurecht. Wächserner Glanz. Eine Eiskönigin. Augen wie böhmisches Glas. Kunstvoll, durchsichtig, ohne Grund. Zum Glück war sie tot.

»Die Wildform des Rindes, wie heißt die noch mal?«

Eine einsame Meldung. »Ja, Ellen?«

»Auerochse.«

»Gut.« Die Aufmerksamkeit ließ schon wieder nach.

»Und wo lebt der Auerochse heute?«

Vage Verunsicherung.

»In Bayern.« Es kam von Kevin. Er fand das anscheinend komisch.

»Der Auerochse ist ausgestorben! Tot! Vergraben! Für immer ... Noch vor der Steller'schen Seekuh. Merken Sie sich das!« Der Blutdruck. Sie musste sich setzen.

»Das Rind ist das älteste und nützlichste Haustier überhaupt. Es liefert Fleisch, Arbeitskraft und Milch. Ja, mit der Domestizierung des Rindes vor etwa zehntausend Jahren begann die Zivilisation. Eigentlich hing der zivilisierte Mensch schon immer an den Zitzen der domestizierten Kuh.« Ja, das war ein gutes Bild. Philosophie hätte sie auch unterrichten können. Die Tischplatte voller Kreide. Man wurde sie nicht los. Da konnte man sich noch so oft die Hände waschen.

»Die Zucht, das ist eine Wissenschaft für sich. Eine Form der Erziehung. Die Erziehung zum Guten. Ausgewählte Merkmale werden betont. Und schlechte unterdrückt. Man wählt die ertragreichen und umgänglichen Exemplare aus und kreuzt sie weiter. So hat man zum Beispiel in das schwarzbunte Milchrind, das früher hier sehr verbreitet war, dänische Jerseybullen eingekreuzt, um den Fettgehalt der Milch zu steigern. Und deren Nachkommen wurden dann wieder mit Holstein-Rindern gepaart, um die Milchleistung zu erhöhen. Ziel war die Züchtung einer neuen Rinderrasse.« Wege zur sozialistischen Kuh.

Langlebig, fruchtbar und robust. Drei Fliegen mit einer Klappe. Pralle Euter, starke Muskeln. Ein paar Jahre milchbetontes Mästen. Fertig war das vollkommene Zweinutzungsrind. Die eierlegende Wollmilchsau.

»Kultur kommt von Kultivieren! Von Zucht und Ackerbau. Das können Sie sich ruhig aufschreiben. Und Haustiere, zum Beispiel, das sind Kulturgüter. Lebendige Denkmäler. Wenn einzelne Rassen aussterben, dann sind sie für immer verloren. Das ist nicht wie mit Häusern, die man wieder aufbauen kann, wenn man die Baupläne irgendwo wiederfindet.« Sie war immer gern in den Palast gegangen. So hell. Das Licht. Großzügig, richtig nobel. Weißer Marmor. Kupferdampfgetönte Scheiben. Und dieses schöne Restaurant in der zweiten Etage. Gepolsterte Holzstühle an Vierertischen. Die Kellner trugen alle die gleiche Kleidung, eine richtige Uniform. Irgendwann werden sie den auch wieder aufbauen. Aber die Kühe ihrer Kindheit, das Schwarzbunte Milchrind würde es bald nicht mehr geben. Das bisschen Gefriersperma, das sie noch gefunden hatten. Die Genreserve war aufgebraucht. Es hatte sich ausgekreuzt.

▸ Aus *Der Hals der Giraffe* von Judith Schalansky

Im Wald Ich war nach Florenz gekommen, um Peru und die Peruaner eine Zeitlang zu vergessen, und da begegnete mir dieses verflixte Land heute morgen auf denkbar unerwartete Weise. Ich hatte das wiederaufgebaute Haus Dantes besichtigt, die kleine Kirche San Martino del Vescovo und die Gasse, wo dieser der Legende nach Beatrice zum ersten Male erblickte, als ein Schaufenster in der Santa-Margherita-Passage mich plötzlich innehalten ließ: Bogen, Pfeile, ein geschnitztes Paddel, ein Krug mit geometrischen Zeichnungen und eine Schaufensterpuppe, die in einer Cushma, einem indianischen Hemd aus wilder Baumwolle, steckte. Aber vor allem drei oder vier Photographien ließen mich ganz plötzlich den Geschmack des peruanischen Urwalds wiederfinden. Breite Flüsse, dickstämmige Bäume, zerbrechliche Kanus, kümmerliche, auf Pfählen erbaute Hütten und Grüppchen halbnackter, farbig bemalter Männer und Frauen, die mich unverwandt aus ihrem glänzenden Fotokarton betrachteten.

Natürlich ging ich hinein. Mit einem seltsamen Kribbeln und der Vorahnung, daß ich eine Dummheit beging, daß ich mich aus trivialer Neugierde der Gefahr aussetzte, das bislang so gut geplante und ausgeführte Vorhaben zum Scheitern zu bringen – ein paar Monate lang in unerbittlicher Einsamkeit

Dante und Machiavelli zu lesen und die Malerei der Renaissance anzuschauen – und eine jener unauffälligen Katastrophen auszulösen, die mein Leben von Zeit zu Zeit auf den Kopf stellen. Aber natürlich ging ich hinein.

Die Galerie war winzig klein. Ein einziger Raum mit niedriger Decke, in dem man, um sämtliche Photographien zeigen zu können, zwei zusätzliche Stellwände aufgebaut hatte, die ebenfalls auf beiden Seiten dicht mit Bildern bedeckt waren. Ein mageres Mädchen mit Brille, das hinter einem kleinen Tisch saß, schaute mich an. War die Ausstellung *»I nativi della foresta amazonica«* zu besichtigen?

»Certo. Avanti, avanti.«

Im Innern der Galerie gab es keine Gegenstände, nur Fotos, mindestens um die fünfzig und die meisten ziemlich groß. Sie trugen keine Bildunterschriften, aber irgend jemand, vielleicht Gabriele Malfatti persönlich, hatte auf zwei Blatt Papier vermerkt, daß die Photographien im Verlauf einer zweiwöchigen Reise durch die Amazonas-Region der Departements Cusco und Madre de Dios im Osten Perus entstanden waren. Der Künstler war dem Vorsatz gefolgt, »ohne Demagogie noch Ästhetizismus« das tägliche Leben eines Stammes zu beschreiben, der noch bis vor wenigen Jahren beinahe ohne jeden Kontakt zur Zivilisation, in Einheiten von einer oder zwei Familien verstreut, gelebt hatte. Erst in unseren Tagen begann er, sich an den von der Ausstellung dokumentierten Orten zusammenzufinden, aber viele seiner Mitglieder lebten nach wie vor in den Wäldern. Der Name des Stammes stand in fehlerlosem Spanisch da: Die Machiguengas.

Die Fotos wurden Malfattis Vorsatz durchaus gerecht. Da waren die Machiguengas, wie sie vom Flußufer aus die Harpune schleuderten oder, halb im Dikkicht verborgen, den Bogen auf das Wasser- oder das Nabelschwein anlegten; man sah, wie sie Yuccas von den kleinen Saatfeldern ernteten, die um ihre funkelnagelneuen Weiler verstreut lagen – vielleicht die ersten ihrer langen Geschichte –, wie sie den Wald mit Machetenhieben rodeten und Palmblätter flochten, um die Dächer ihrer Unterkünfte zu decken. Im Kreis sitzende Frauen flochten Strohmatten und Körbe, andere fertigten Kronen mit prachtvollen Papageien- und Arafedern, die auf hölzernen Reifen befestigt wurden. Man sah, wie sie ihre Gesichter und Körper sorgfältig mit Orleantinktur bemalten, Feuer anzündeten, Felle trockneten, die Yucca für den Masato in kanuförmigen Gefäßen fermentierten. Die Fotos zeigten anschaulich, wie wenige sie waren in der sie umgebenden unermeßlichen Weite aus Himmel, Wasser und Vegetation, zeigten ihr prekäres und kärgliches Leben, ihre Isolation, ihren Archaismus, ihre Schutzlosigkeit. Es stimmte: ohne Demagogie noch Ästhetizismus.

Was ich jetzt sagen werde, ist weder eine nachträgliche Erfindung noch eine falsche Erinnerung.

Ich bin sicher, daß ich mit einer inneren Bewegtheit von Foto zu Foto wanderte, die sich in einem bestimmten Augenblick in Beklemmung wandelte. Was hast du? Was könntest du in diesen Bildern finden, das eine derartige Unruhe rechtfertigte?

Schon bei den ersten Bildern hatte ich die Lichtungen wiedererkannt, auf denen sich Nueva Luz und Nuevo Mundo befinden – vor nicht einmal drei Jahren war ich dort gewesen –, und als mir eine Luftaufnahme des zweiten Ortes vor Augen kam, erwachte in meiner Erinnerung sogar schlagartig das Katastrophengefühl, mit dem ich die akrobatische Landung erlebt hatte, die wir dort an jenem Morgen mit der Cessna des Instituts für Linguistik vollführten und bei der wir den Machiguenga-Kindern ausweichen mußten. Ich glaubte auch, einige Gesichter von Männern und Frauen wiederzuerkennen, mit denen ich dank der Hilfe von Mr. Schneil gesprochen hatte. Der Glaube wurde zur Gewißheit, als ich auf einer anderen Photographie das Kind erblickte, dessen Mund und Nase von der Uta-Krankheit zerfressen waren, mit demselben aufgeblähten Bäuchlein und denselben lebhaften Augen, wie ich sie in meiner Erinnerung bewahrte. Mit der gleichen natürlichen Unschuld wie uns damals zeigte es der Kamera jene Öffnung mit Eckzähnen, Gaumen und Mandeln, die ihm das Aussehen eines mysteriösen Raubtiers verlieh.

Die Photographie, auf die ich wartete, seit ich die

Galerie betreten hatte, befand sich unter den letzten. Auf den ersten Blick war erkennbar, daß diese Gemeinschaft von Männern und Frauen, die auf amazonische Art im Kreis saßen – der orientalischen ähnlich: im Schneidersitz, mit sehr geradem Oberkörper – und in das abnehmende Licht der in Dunkelheit übergehenden Dämmerung getaucht waren, sich im Zustand einer an Hypnose grenzenden Konzentration befand. Ihre Reglosigkeit war vollkommen. Alle Gesichter richteten sich, wie die Radien eines Kreises, auf den Mittelpunkt, eine männliche Gestalt, die im Zentrum des Kreises der gebannt lauschenden Machiguengas stand und mit den Armen gestikulierend sprach. Ich spürte es kalt den Rücken hinunterlaufen. Ich dachte: ›Wie hat dieser Malfatti es fertiggebracht, daß sie ihm erlaubt haben, wie hat er es angestellt, um ...?‹ Ich bückte mich und näherte das Gesicht der Photographie so weit es ging. Ich betrachtete und beschnupperte sie, durchbohrte sie mit den Augen und der Vorstellungskraft, bis ich bemerkte, daß das Mädchen der Galerie sich von ihrem kleinen Tisch erhob und beunruhigt auf mich zukam.

Bemüht, meine Fassung wiederzugewinnen, fragte ich sie, ob die Photographien verkäuflich seien. Nein, das glaube sie nicht. Sie stammten vom Verlag Rizzoli. Er beabsichtigte anscheinend, ein Buch mit ihnen zu veröffentlichen. Ich bat sie, mich mit dem Photographen in Kontakt zu bringen. Das würde leider nicht möglich sein:

»Il signore Gabriele Malfatti è morto.«

Gestorben? Ja. An einem Fieber. Ein Virus, mit dem er sich in diesen Urwäldern angesteckt hatte, *forse*. Der Ärmste! Er war Modephotograph gewesen, hatte für *Vogue, Uomo* und ähnliche Zeitschriften gearbeitet, Modelle photographiert, Möbel, Schmuckstücke, Kleider. Er hatte sein ganzes Leben davon geträumt, etwas anderes zu machen, etwas Persönlicheres, wie diese Reise in die Amazonas-Region. Und als er es endlich geschafft hatte und man sich anschickte, seine Arbeit in einem Buch zu veröffentlichen, da starb er! Und jetzt, *le dispiaceva*, aber es sei Zeit für das *pranzo* und sie müsse schließen.

Ich bedankte mich bei ihr. Bevor ich hinausging, um mich abermals den Herrlichkeiten und Touristenhorden von Florenz auszuliefern, konnte ich noch einen letzten Blick auf die Photographie werfen. Ja. Es bestand nicht der geringste Zweifel. Ein Geschichtenerzähler.

▸ Aus *Der Geschichtenerzähler* von Mario Vargas Llosa

Im Auto Zwischenstopp in Chicago. Der Airport mit dem unfreundlichsten Sicherheits- und Servicepersonal der westlichen Hemisphäre. Glückwunsch. Grund Ihrer Reise? Holiday. Wie lange wollen Sie bleiben? Eine Woche. Finger und Daumen auf den Scanner legen. Bitte. Ein Foto noch. Cheese.

Mit dem Transit zum Terminal 3.

Erneute Sicherheitskontrolle. Leute über 7 dürfen ihre Schuhe anbehalten. Einen Blouson komischerweise auch. Wir anderen müssen auf Socken zum Nacktscanner. Die Würde des Menschen. Eine Stunde Aufenthalt bis zu meinem Anschlussflug. Das Warten war noch nie ein Problem. Ich kenne keine Langeweile. Dazu fehlt es mir an Zeit. Und an Muße. Ich brauche einen Kaffee.

Die Amerikaner sind jetzt auch auf dem Gesundheitstrip. Auch wenn sie nach wie vor nicht so aussehen. Aber plötzlich gibt es an jedem zweiten Imbissstand Obst zu kaufen. Obst. In Amerika. Die Welt geht zugrunde. Der Terminal ist runtergekommen, sieht aus, als sei er seit den Neunzigern nicht mehr modernisiert worden. Klobige Monitore, graue Pflanzenkästen, grau-schwarz-weiß gepunkteter Boden. Das Dach hat ein paar undichte Stellen. Schwarze Wannen und gelbe Warnschilder stehen herum. Aber sauber ist es, es riecht nach Vanille und Chemie. Viele Geschäfte, die üblichen Ketten. Sogar einen Harley Davidson Store gibt es. Interessiert niemanden. Mich auch nicht. Ich gehe zu Starbucks, nehme einen Cappuccino und eine Scheibe Bananen-Walnuss-Brot.

6 Dollar 96. Inklusive Steuern.

Auffallend viele alte Menschen in Rollstühlen und orthodoxe Juden unterwegs. Suche einen ruhigen Platz. Finde keinen. Setze mich in die Nähe der Abfertigung auf zerschlissene und löchrige schwarze Kunstlederbänke. Mit Blick aufs Rollfeld. Es regnet. In Strömen. Der Himmel ist flächig grau. Rote und blaue Gepäckwagen tuckern zwischen den Airbussen und Boeings hin und her. Die Wege sind markiert. Lämpchen flackern.

Eine Zeitung liegt auf der Bank. Eine Zeitung. Aus Papier. Eine totgeweihte, wenn mich nicht alles täuscht. Ich nehme sie in die Hand. Erst jetzt sehe ich, dass es der Guardian ist. Wirkt ein wenig deplatziert. Hier. Überfliege die Schlagzeilen: *64 geköpfte Menschen in Mexiko. Prinz Harry beim Tischtennis verloren. Labour im freien Fall.*

Links von mir sitzt ein kleines Mädchen. Sie hält einen Teddybären mit beiden Armen fest umklammert und schlägt mit ihren Füßen unrhythmisch gegen den Stuhl. Ihre Mutter hat längst aufgegeben, sie zu ermahnen. Sie stiert nur geradeaus, irgendwohin, wo niemand ist, nur sie selbst. Der Vater, ein Mittdreißiger, trägt ein rosafarbenes Polohemd und tippt unentwegt etwas in sein Smartphone hinein. Die Waltons sahen glücklicher aus.

Rechts von mir sitzt ein älterer Mann mit komischen Augen. Ich weiß nicht, wie er es in den Flughafen geschafft hat. Auf Flughäfen sieht man Menschen mit komischen Augen nicht so gerne. Er schreibt etwas auf ein braunes Pappschild. Ziemlich lange. Als er fertig ist, dreht er es um und zeigt es mir. Ich weiß nicht, ob er um Geld bettelt oder ob er möchte, dass man Mitglied seiner Sekte wird, ich weiß nur, dass er es schwer haben wird, mit diesem Text erfolgreich zu sein. Auf dem Schild steht: *Du bist blind. Du willst es so. Denn wenn du die Augen öffnest, siehst du all die hässlichen Dinge, die diese Welt ausmachen. Und das willst du nicht sehen, das verdirbt den Charakter. Du hast auch gar keine Zeit, dich für all das zu schämen, was um dich herum passiert, was du zulässt, jeden Tag aufs Neue. Du bist zufrieden in deiner kleinen Welt, solange du blind bist. Schau mich an. Kurz bevor du stirbst, wirst du erkennen, wie unfassbar sinnlos dein Leben war. Du hast nichts erschaffen, was von Bedeutung ist, du hast die Welt nicht besser gemacht, du hast nur gefressen, getrunken, gearbeitet und deine mickrigen Gene an deinen Nachwuchs vererbt, aufdass er das Gleiche tut. Wirst du die Augen öffnen? Nein, wirst du nicht. Du musst doch in Urlaub fliegen.*

Ich nicht.

Ich muss zu Whiplash.

Zu unserem alljährlichen Treffen. Na ja, Urlaub ist es eigentlich auch. Abends was trinken gehen, mit Ladies flirten, Pokern, Jungskram halt. Als mein Flug aufgerufen wird, schrecke ich kurz auf. American Airlines gehört nicht zu meinen Lieblingslinien, aber der Preis war okay, und abgestürzt sind sie auch noch nicht, jedenfalls nicht, wenn ich mit an Bord war.

Alles ist, wie es immer ist. Superfreundliche Begrüßung, Stau im Gang, Gepäckfach voll. Neben mir sitzt eine mittelalte Frau. Sandy. Immobilienmaklerin aus Ohio. Mehr erfahre ich nicht. Mehr will ich nicht erfahren. Drei Reihen weiter vorne schießen sich junge, blonde Frauen mit Gin Tonic weg, Junggesellinnenabschied, hurra. Ich wische in meiner digitalen Plattensammlung, setze den Kopfhörer auf und entscheide mich für Plingplingmusik. The White Birch, Sigur Rós und so. Ich döse weg, gedankenlos, kein Ziel, keine Orientierung, als ob ich schwimme, irgendwohin, wo nichts ist, es nichts gibt, nicht einmal mich selbst, bis eine Hand meine Schulter berührt und für kurze Zeit dort verweilt. Das Begleitpersonal. Mit dem falschen Lächeln. Die Stewardess verteilt etwas, das sie Saft nennt. Und einen Keks. Süß oder salzig? Süß.

Ich muss an das Foto denken, das ich gemacht habe. Als Beweis, als Belegexemplar. Menschen sehen komisch aus, mit einem Loch im Kopf. Irgendwie unecht. Es ist surreal und metaphysisch zugleich, wenn nur noch der Körper da ist, ohne Geist, ohne Leben. Unser aller Schicksal. Die Müdigkeit kehrt zurück, die Welt versinkt und der Flug vergeht wie im Flug.

Als wir Vegas erreichen, ist es immer noch dunkel. Das Lichtermeer inmitten der Schwärze sieht außerirdisch aus. Das Flughafengebäude nicht. Wie schon in Chicago habe ich das Gefühl, dass die Zeit hier in den Neunzigern stehengeblieben ist. Dafür aber gibt es eine kleine Armee von Spielautomaten, damit die Touristen gleich wissen, warum sie hier sind.

Ich gehe zur Gepäckausgabe und warte.

Und warte.

Und warte.

Nicht schon wieder.

Bitte nicht. Das zweite Mal in diesem Jahr.

Ich gehe zum Gepäckwachtmeister und hinterlasse meine Hotel-Adresse. Morgen, spätestens übermorgen soll ich meinen Koffer wiederbekommen. Schön.

Ich nehme den Shuttlebus zur *Car Rental Station*. Sie liegt außerhalb des Flughafens, auf einem eigenen Gelände. Mein Vermieter heißt Alamo. Ich muss an den Film mit John Wayne denken, an Helden, an Pathos, an Untergang. Zehn Minuten wird der Shuttle brauchen, ein Taxi wäre nicht schneller, nur komfortabler.

Eng ist es in dem Bus. Jeder Platz belegt. Die Koffer der Mitreisenden sind im Gang verstaut. Neben mir sitzt eine der Junggesellinnen. Elise, wie ihre Freundinnen sie nennen, als sie ihr auf den Platz helfen. Sie ist ziemlich hinüber. Von all den Gin Tonics. Sie lächelt mich an. Ich lächle zurück. Dann fällt ihr Kopf auf meine Schulter und sie nickt ein.

Als der Bus über einen Hubbel fährt, wacht Elise auf. Mit glasigen Augen blinzelt sie mich an. Sie scheint nachzudenken.

»Isch liebe dich«, sagt sie. Elise ist eine attraktive Mittzwanzigerin mit dem Mundgeruch eines siebzigjährigen Truckers nach einer durchzechten Nacht mit zwei Huren und drei Flaschen Jack Daniels, der den Gestank mit einem Liter Eau de Toilette zu kaschieren versucht.

»Verzeihung ...«, sage ich.

»Wirklich, isch liebe dich. Wer bist du?« Sie stößt kurz auf und tätschelt meine Wange, als müsste sie die Echtheit überprüfen.

»Ich ...«

»Der Lügner oder der Verlogene?«

»Bitte?«

»Mit einem Lügner kann ich leben, mit einem Verlogenen nicht«, sagt sie und stößt erneut auf. Unmenschlich.

»Ich verstehe immer noch nicht.«

»Der Lügner, weißt du, Schätzchen, der Lügner sagt, er war mit Freunden beim Boxen, während er es einer billigen Bitch in Fannys Diner von hinten besorgt, der aber immer zu mir steht, was immer auch passiert, ganz gleich, was, verstehst du, immer. Kellner!«, sagt sie zu einem der Mitreisenden, »zwei Gin

Tonic. Der Verlogene«, sagt sie wieder in meine Richtung, »ist jemand, der mir tausend Mal am Tag sagt, wie sehr er mich liebt, und sich dann bei der zweitbesten Gelegenheit verpisst.«

»Ah.«

»Wer also bist du?«

»Ich denke, der Lügner.«

»Brav.« Und dann nickt ihr Kopf zurück auf meine Schulter und sie schläft wieder ein.

An der Mietstation angekommen, lege ich Elises Kopf vorsichtig zur Seite. Sie hat auf mein Jackett gesabbert. Ihre Freundin ist wach geworden, sie wird sich um sie kümmern. Ich steige aus, der Einzige ohne Koffer.

Die Sonne geht auf. Es wird wärmer. 32 Grad sollen es heute werden. Laut *Las Vegas Sun*.

Die Halle ist riesig, um diese Uhrzeit aber noch trostlos leer. Alamo befindet sich auf der linken Seite. Zwei Schalter sind offen. Einer ist belegt, mit einem Pärchen aus Osteuropa, das schwerfälliges Englisch spricht. Ich gehe zu dem freien Schalter. Sam, mein persönlicher Ansprechpartner, wie sein Anstecker ihn ausweist, sieht nicht aus wie John Wayne. Er ist massiv übergewichtig, trägt Glatze und eine randlose runde Brille. Die blütenweißen Ärmel seines Hemds sind sorgsam aufgekrempelt, die fleischigen Unterarme kommen bestens zur Geltung. Außerdem trägt er ein reduziertes, in sich ruhendes und gänzlich friedfertiges Lächeln. Er sieht irre sympathisch aus. Ist er auch. Sam fragt mit warmer und fast zärtlicher Stimme, wie es mir geht, ob ich einen guten Flug hatte, was mich nach Vegas führt und ob ich mental bereit sei, für das Abenteuer meines Lebens in der verrücktesten Stadt diesseits des Mississippi und jenseits der Vernunft. Ich sage irgendetwas wie *Jep* und fühle mich seltsam willkommen. Dann blickt Sam auf seinen Bildschirm und schreckt zurück, als wäre ihm der Leibhaftige leibhaftig erschienen. Er sagt: »Das muss ein Missverständnis sein oder ein ganz, ganz schlechter Scherz meiner Kollegen, aber ich kann nicht ernsthaft davon ausgehen, dass Sie die Kompakt-Klasse, einen Nissan Versa, gebucht haben. Ein Mann wie Sie, der mich an Steve McQueen in *Bullitt* erinnert. Unmöglich.«

Schäkert Sam mit mir?

Nein.

Unsinn. Aber er scheint ernsthaft schockiert. Das kann man sehen. Deutlich. Glücklicherweise kann Sam den Fehler korrigieren. Für 14 Dollar zusätzlich. Pro Tag. Und auch nur, weil ich es bin, Billy, falls er mich so nennen darf, Billy, the Rocketeer. Er habe da gerade ein Rennpferd in der Garage, Schmuckstück, das nur auf den passenden Fahrer gewartet hat, und der stehe nun vor ihm, leibhaftig, große Freude.

Aus seinem Mund klingt es nicht anbiedernd, nur freundlich, nahezu fürsorglich. Ich bin nicht sicher, sage ich. Falsche Antwort. Ich spüre sogleich die zentnerschwere Last seiner Enttäuschung auf mir, mit Seehundbabyaugen und so, und als Sam dann noch mit leiser, fast brüchiger Stimme sagt, dass er mir nichts andrehen wolle, dass er kein schlechter Mensch sei, und als er dann noch meine Hand nimmt und mich bittet, ihm zu vertrauen, nur dieses eine Mal, da kann ich nicht anders.

Ich unterschreibe alle möglichen Papiere und wünsche noch einen wunderschönen Tag. Als ich mich umdrehe und gehe, spüre ich seinen Blick auf meinem Arsch, ich kann es förmlich fühlen, für einen kurzen Moment nur, und es ist okay, und ich muss lächeln.

In der Parkgarage blickt ein eifriger junger Mann im Kapuzenshirt auf meine Papiere und zeigt mir das Auto.

Den Mustang.

Knallrot.

Cabrio.

Es sieht aus wie ein Matchbox-Auto in Groß. Das Pferd auf der Kühlerhaube hat Stil, keine Frage. Aber sonst? Hm. Ich falle nur ungern auf. Mit diesem Auto kann man nur auffallen. Was soll's. Ich bin nur einmal in Vegas, wie Sam sagt, und da hat er wohl Recht. Der Schlüssel steckt.

ROOOAAM.

So klingen sportliche Autos in Comics. Und genau so klingt auch der Mustang. Ich lege D wie Drive ein, verlasse das Parkhaus und wundere mich, wie gemütlich der Schlitten über den grauen Asphalt gleitet. Von Sportlichkeit kaum noch eine Spur.

Ich hole während der Fahrt mein iPad aus der Tasche und öffne den Ordner *Wüste* für den passenden Soundtrack. Wenn schon, dann das volle Programm: Black Keys, Wolfmother, Kyuss und Gott Hendrix. Klar.

Ich fahre die 95 hoch. Richtung Death Valley. Zum Badwater Baisin, dem tiefsten Punkt in diesem Land. Frankie hat mir davon erzählt. Er war mal dort, und er meinte, ich solle unbedingt diesen Abstecher machen, wenn ich einmal hören möchte, wie die absolute Stille klingt. Möchte ich. Den genauen Weg weiß ich gar nicht. Nur ungefähr. Das Auto hat kein Navi. Merkwürdig für diese Preisklasse. Aber es macht nichts. Auch nicht, wenn ich mich verfahre. Ich lasse mich treiben. Ankommen werde ich so oder so.

Nevada ist anders. Zweimal war ich bisher in Amerika. Beide Male an der Ostküste. In der bekanntesten Stadt der Welt. Der Westen ist mir neu. Das Staubige, das Felsige, diese unendliche Landschaft. Kommt mir gerade recht. Ich öffne das Beifahrerfenster und lasse die Luft herein, ich möchte sie spüren, die Luft. Aber schon nach wenigen Minuten ist die Klimaanlage machtlos. Ich halte den Kopf kurz raus, in den Fahrtwind, doch als Sandkörner zwischen meinen Zähnen knirschen, schließe ich das Fenster wieder. Der Wagen kühlt sich schnell auf angenehme 22 Grad runter.

Wenig Verkehr hier draußen. Ab und an ein Wagen, der entgegenkommt, nicht selten einer dieser mächtigen LKWs mit Hupen, wie Dampfschiffe sie haben. Der Asphalt schlängelt sich kleine Anhöhen hinauf und wieder hinab, die Sicht ist grenzenlos, nur die Erdkrümmung spielt Horizont, verschwommen, zitternd, unsicher. Die Landschaft ist karg und sie ist warm, von Sandfarben zu Hellgelb, von Orange zu Rostrot. Wenig Grün, dafür ein Blau des Himmels, das ich so nicht kenne, er sieht so sauber aus, der Himmel, so rein.

Der Mensch hat nur wenige Spuren hinterlassen. Mal ein Windrad, mal ein Wassertank. Und dann wieder nichts. Nur Steine. Und Sand. Und Sträucher. Vereinzelte Häuser stehen einsam auf endlosen Steppen, sehen aus, als habe sie jemand einfach nur dort hingesetzt, wie ein Stück Spielzeug. Was es wohl bedeutet, so zu leben, so einödig, so verlassen. Kaum Abwechslung, nur Weiden, auf denen Pferde träge grasen und mit ihrem Schweif Fliegen wegpeitschen. Krähen hängen auf Zäunen ab, beobachten das Geschehen um sich herum, warten auf eine günstige Gelegenheit, worauf auch immer. Rostige, verdellte Briefkästen stehen in Reihe am Wegesrand, schief ins Erdinnere gepfahlt, bereit, Post aus aller Welt zu empfangen. Je weiter ich mich von der Zivilisation entferne, desto mehr fahre ich in die Zeit zurück.

Ich halte an einer Tankstelle, die wie gemalt aussieht. Zwei Zapfsäulen im Nichts und ein kleines *Ein-*

kaufsparadies von der Größe eines Wartezimmers. Ich muss nicht tanken. Ich habe Durst. Die Tür knirscht. Hinter dem Tresen sitzt ein alter Mann, der in einer Zeitschrift blättert. Kundschaft interessiert ihn nicht so sehr. Ich kaufe eine gelbe Sonnenbrille, die eine Idee zu auffällig ist, zwei Flaschen Wasser und Lutschpastillen, Pfefferminze. Als ich wieder rausgehe, sehe ich einen Pick-up an der Zapfsäule. Ein Junge, vielleicht 16 oder 17, sitzt auf der Motorhaube. Er trägt lange Haare, eine kurze Hose, klobige Schuhe und ein Hüsker-Dü-T-Shirt. Eigentlich sieht er mehr nach Grunge aus. So, wie ich auch einmal für eine kurze Zeit ausgesehen habe.

Ich steige wieder ein und fahre weiter. Ich muss daran denken, wie ich mit Ausbruch der Pubertät kein Highlander mehr sein wollte, auch kein Punkrocker und auch kein Mod. Ich wollte anders sein. Ich wollte aus einem schäbigen Vorort aus Seattle stammen, mit trostloser Jugend zwischen Wal Mart und Kentucky Fried Chicken, ich wollte mit dem Skateboard auf einsamen Parkplätzen rollen und verliebt sein in Cindy, die Cheerleaderin, die aber nur Augen für Chad hatte, den scheiß Quarterback. Ich ließ mir die Haare lang wachsen, trug karierte Wollhemden, abgeschnittene Cargos und träumte davon, eine Stimme wie Eddie, Layne oder Kurt zu haben.

Ich war jung.

Ich bin erst 34 Jahre alt, aber manchmal fühle ich mich schon wie ein Veteran. Früher aber war nicht alles besser, sagt Onkel Seamus immer, da war nur alles anders, und das war schon immer so.

Und jetzt fahre ich hier mutterseelenallein durch die Wüste, es läuft *Foxy Lady* und es fühlt sich ganz okay an.

▸ Aus *Billy* von einzlkind

In der Küche Vor zwei Jahren spürte ich jeden Morgen, wie mein Herz mich weckte und sagte: Los, steh auf, keine Zeit zu verlieren. Wie lange willst du noch schlafen, drängte es, hüpfte es, los, wir versäumen noch was. Ich stand auf, beeilte mich, aus dem Haus zu kommen, und Wunder über Wunder kreuzte meinen Weg. Vor zwei Jahren zerriss ich die Luft mit der Kraft meiner Lungen und wusste, hinter der nächsten Ecke erwartet mich etwas Unglaubliches – Lichter, Feuerwerk und Festmusik. Und auch wenn dort in Wirklichkeit gar nichts wartete außer den Winden des Frühlings, störte mich das überhaupt nicht. Zwanzig, das ist das Alter, in dem der Teufel dich beneidet. Alles stürzt auf dich ein, und du musst nur weniger schlafen. Und Kondome benutzen. Alles dreht sich nur um dich. Und zwar genau so, wie du es willst. Ob du willst oder nicht.

Ich kam Ende Mai an. Vom Bahnhof ging ich zu Fuß. Mit leichtem Gepäck: im Lederrucksack ein paar T-Shirts und ein altes Notebook, eine Thermosflasche mit Kognak, die ich unterwegs nicht ganz leer getrunken hatte. Jeans, Turnschuhe, giftgrünes Hemd – ich war gekommen, um zu bleiben. Vom täglichen Joggen war mein Schritt leicht und unbeschwert, mit meiner Frisur erinnerte ich an den Sänger von Boney M.

in seinen besten Zeiten, die Sonne spiegelte sich intensiv in meiner dunklen Brille, die das halbe Gesicht verdeckte. Ich war ein Star, unmöglich, mir keine Aufmerksamkeit zu schenken. So sah wenigstens ich die Sache. Die Stadt gefiel mir: die stillen, mit Gras bewachsenen und mit Aprikosenbäumen bepflanzten Höfe am Bahnhof, die Garagen, Nebengebäude und baufälligen Häuser, aus denen, langsam wie Chamäleons, die Rentner traten – das war alles ganz nach meinem Sinn. Der Geruch nach Zucker und Schokolade im Viertel um die Süßwarenfabrik, die düsteren Hallen der leeren Fabriken rund um den Markt, Tore, Läden und medizinische Einrichtungen – alles meins. Ich erreichte die Uferstraße. Aha, es gab Brücken hier. Das ist gut, dachte ich, eine Stadt am Fluss ist geschützter und ruhiger, in so einer Stadt hält das Leben sich im Rahmen und folgt einer Ordnung. Später fand ich heraus, dass es noch einen zweiten Fluss gab. Dazwischen lag die Stadt auf Hügeln, wie auf einer Insel, und leuchtete mit ihren weißen und roten Häusern, die von warmem Maiengrün umschlossen waren. Hoppla, sagte ich, als ich meinen Fuß auf die Brücke setzte, hier komme ich.

Das Haus hatte drei Stockwerke. Es sah heruntergekommen aus, irgendwie gemütlich. Überhaupt eine stille Straße, nur von der anderen Seite, aus einem Pausenhof, tönte verzweifeltes Schülerlamento. Ich zog die Tür auf. Kein Code – tritt ein und meuchle sie in ihren warmen Betten. Gute Laune, leichte Erregung, der Morgen eines sonnigen, endlosen Tages. Ich musste in den zweiten Stock. Schwarze Metalltür, blaue Gummimatte, sympathischer roter Klingelknopf. Das Leben vergisst manchmal, dass wir da sind, und beginnt, uns zu gefallen.

Ich drückte den Knopf, presste den Rest eines widerlichen Winselns aus ihm heraus. Natürlich machte niemand auf. Ein Liedchen trällernd, trat ich gegen die Tür. Versuchte es sogar bei den Nachbarn, drückte den gleichen roten Knopf, aber auch dort machte niemand auf. Was tun? Andere Adressen hatte ich nicht, es gab in dieser Stadt niemand, der auf mich wartete. Ich stellte den Rucksack an die Wand, setzte mich auf die Fußmatte, öffnete die Thermoskanne. Sie werden schon wiederkommen, dachte ich, und dann wird es ihnen leidtun.

Etwas später fiel mir auf, dass hinter der Tür Schritte zu hören waren, jemand ging umher und summte ziemlich sorglos vor sich hin. Die Nachbarn von unten, dachte ich. Aber nein – es war genau hinter der Tür, an der ich mit dem Rücken lehnte. Ich sprang auf und drückte die Klingel. Die Schritte stockten und kamen dann verstohlen näher. Jemand musterte mich durch den Spion. Ich trat zurück, damit meine Sonnenbrille zu sehen war. Hauptsache, Eindruck schinden, dachte ich. Die Tür ging auf.

Sie hatte eine lustige Frisur. Nicht einfach blondiert, sondern in verschiedenen Blondschattierungen gefärbt. Angenehm und lustig. Ihr Blick war fragend, schläfrig. Sie sah überhaupt verschlafen aus. Über einen roten Pyjama hatte sie nachlässig einen schneeweißen Bademantel mit Hotelemblem geworfen. Manchmal rutschte er, und dann glich sie einem Boxer, der bereit war, in den Ring zu treten und seinen Mannschaftsmantel den Masseuren zu überlassen. Sie hatte grüne Augen, vom Rauchen blasse Haut, einen zarten Hals, war barfuß und trat von einem Bein aufs andere.

»Wer bist du?«, fragte sie und linste über meine Schulter.

»Roma«, antwortete ich und schaute ebenfalls hinter mich. »Meine Mutter hat Sie angerufen.«

»Deine Mutter?«, fragte sie zurück. »Warum hat sie angerufen?«

»Ich soll hier wohnen«, erklärte ich.

»Mit deiner Mutter?«

»Allein. Meine Mutter ist daheim.«

»Daheim?«, fragte sie zurück, richtete den Bademantel, der die ganze Zeit rutschte.

»Und was macht sie da, daheim?«

»Sie führt einen Prozess«, sagte ich.

»Was?«

»Einen Prozess. Sie ist Juristin.«

»Bingo«, erinnerte sie sich plötzlich, »jetzt weiß ich. Du bist Roma, oder?«

»Roma.«

»Deine Mutter ist Juristin.«
»Genau.«
»Und was hast du da im Gesicht?«

Sie hieß Dascha. Meine Mutter hatte sie vor einem Monat bei einer Fortbildung kennengelernt. Tagsüber saßen sie nebeneinander und schrieben eifrig mit, gossen sich in den Pausen Kaffee hinter die Binde. Abends, während des kollektiven Bowlings, haben sie sich vollgesoffen, meine Mutter wusste, wie das geht, am Ende des Abends hing sie ihrer neuen Freundin am Hals und erzählte, dass ich demnächst das elterliche Haus verlassen müsse, weil ich das Institut wechseln und in ihre Stadt ziehen würde. Ein Jahr hat er noch zu studieren, weinte meine Mutter, klar, dass er keine Lust hat, bei mir hängenzubleiben. Also hat er gewechselt. Aber wo soll er wohnen? Auf dem Bahnhof? Meine Mutter wischte sich die Tränen ab und bestellte ein Glas nach dem anderen, doch davon musste sie nur noch mehr weinen. Bis Dascha schließlich sagte: Aber aber, kein Problem, er kann doch bei mir wohnen, ich habe eine freie Wohnung, meine Oma ist gerade rechtzeitig gestorben. Ich wollte sowieso vermieten, am besten natürlich an Bekannte – die stehlen wenigstens keine Möbel. Wobei sie das nicht könnten, selbst wenn sie wollten, es gibt nämlich keine. Meine Mutter klammerte sich an diese Möglichkeit: Wenn sie den Kleinen, also mich, schon ins Erwachsenenleben entlassen musste, dann wollte sie wenigstens wissen, wo sie die Leiche würde abholen können. Mir war alles recht. Auch ohne Dascha hätte ich eine Unterkunft gefunden. Hauptsache, raus aus meinem Zimmer, das nach Kinderkleidern und Schulbüchern stank. Ich wollte schon lange weg, mit zwanzig noch bei Mama wohnen ist ein zweifelhaftes Vergnügen. Für eine Juristin trank sie zu viel, und ich verbrachte zu viel Zeit im Bad. In so einer Situation ist es das Beste, sich zu trennen und einander zu schreiben.

Offensichtlich machte ich keinen Eindruck auf sie. Das konnte mir natürlich nicht gefallen. Ich dachte, vielleicht sollte ich von meiner Mutter erzählen oder von dem, was mich interessiert, was ich so mache, von meinen Plänen, aber sie kam mir zuvor.

»Komm«, sagte sie, »ich zeig dir alles.«

Sie ging zur Tür gegenüber, schloss auf und trat ein. Da sie mich nicht hereinbat, zögerte ich an der Schwelle, dann folgte ich ihr. Zwei Zimmer. Wohl erst kürzlich renoviert. Wohl von ihr selbst: die Tapeten lösten sich, in der Dusche standen warme Pfützen, die Decke war weniger geweißelt als angemalt. Dascha ging ins Zimmer, öffnete das Fenster und lehnte sich hinaus. Sie hatte schöne Waden. Wie gut, dass ich bei ihr eingezogen bin, dachte ich. Da drehte sie sich um.

»Hast du keinen Schlafsack?«, fragte sie. »Egal, ich gebe dir eine Matratze. Also, hier ist die Küche«, sie zog mich in den Nachbarraum. Dort stand ein Herd. Mehr nicht. »Eigentlich kein Problem«, sagte sie. »Nebenan ist eine Pizzeria, wenn du was brauchst.« – »Die Dusche«, sagte sie und stieg vorsichtig über die Pfützen. »Ich geb dir ein Handtuch«, fügte sie hinzu. »Was noch? Ach ja, Internet, Strom, Gas. Du hast mich geweckt«, sagte sie, »ich kann mich nicht richtig konzentrieren.«

Aus ihrer Wohnung trugen wir eine große Matratze herüber, die mit Wasserfarben übergossen und mit Knete und Lippenstift beschmiert worden war. Dascha hatte einen schlanken Körper und eine angenehme Stimme. Es wäre schön, auf dieser Matratze mit ihr zu schlafen, dachte ich. Warum eigentlich nicht, dachte ich. Hauptsache, Eindruck machen. Sie wohnt ja offenbar allein. Schläft bis mittags. Läuft im Nachthemd im Treppenhaus herum. Passt alles, dachte ich und sah zu, wie sie sich leicht über die Matratze beugte und versuchte, sie zu säubern. Ich muss nur die Initiative ergreifen, dachte ich und ging duschen.

Am Nachmittag kam sie wieder vorbei. Sagte, sie hätte zu tun, brachte Bettzeug, ließ mir den Schlüssel zu ihrer Wohnung da, wenn ich Hunger bekäme, erklärte sie, könnte ich zu ihr in die Küche und mir aus dem Kühlschrank alles nehmen, was da war. Aber da ist höchstens Kohl, sagte sie noch. Frischer, setzte sie hinzu. Sie trug ein sandfarbenes Business-Kostüm. Es machte sie irgendwie fülliger, aber die

Stöckelschuhe rückten alles wieder zurecht – eine nicht mehr ganz junge, aber absolut selbstsichere Juristin mit kämpferischer Frisur, unter der blütenweißen Bluse schimmerte die Wäsche. Sie hatte sich hastig geschminkt, roch nach Kaffee und redete so laut und viel, dass ich gar nicht merkte, als sie ging.

Ist schon okay, beruhigte ich mich, sie ist ja nicht für immer weg, kommt gleich wieder. Was kann sie schon zu erledigen haben? Vielleicht eine Gerichtsverhandlung, vielleicht eine Gegenüberstellung, die Identifizierung einer Leiche. Sie wird noch schnell irgendeinen Loser den Krallen des Todes entreißen, an der richtigen Stelle unterschreiben, und ab nach Hause, zu mir. Hauptsache, den Augenblick nutzen, die Gelegenheit nicht verpassen, das Glück packen, wenn es den Flur entlangrennt. Der Abend wechselte langsam die Luft wie Hotelbettwäsche, färbte das Grün dunkel und die Scheiben rosa. Das Licht berührte zart den Boden und die leeren Wände, und hinter den Bäumen auf der Straße waren Stimmen und Kinderlachen zu hören. Ich bekam Lust, zwischen den Bäumen spazieren zu gehen, diesen Stimmen entgegen, in der Dunkelheit Frauenhände zu berühren, die grünen Monde aufzufangen, die von den Zweigen herunterbrechen, weil sie ihr eigenes Gewicht nicht mehr aushalten.

Wie soll ich es machen, dachte ich, wie? Ich könnte natürlich zu ihr in die Küche gehen. Vorgeblich, um zu essen. Gefasst über Hunger klagen, streng darauf bestehen, alles selbst zuzubereiten, aber sie bitten zu helfen. Selbstsicher und wortkarg sein. Ich könnte ohne T-Shirt kommen, damit sie sieht, wie braun ich bin. Ich könnte barfuß kommen. Nein, das verwarf ich schnell wieder, barfuß geht gar nicht, sonst merkt sie was und sagt: Nicht dass du gleich ganz nackt hier auftauchst. Okay, dann also Strandlatschen. Damit ich später nicht mit den Schnürsenkeln rummachen muss. Ja, lobte ich mich zufrieden, genau so. Sie bitten, die Gewürze bereitzustellen: Zimt, Kardamom, schwarzer Pfeffer. Die Gewürze stehen bestimmt auf einem Regal. Und wenn sie sie herunterholt, ruhig – die Hauptsache ruhig! – zu ihr treten und ihre Beine berühren. Wie um sie zu halten. Den Rest wird sie dann schon verstehen. Die Wärme meiner Hände spüren. Dann hebe ich sie vom Hocker, setze sie auf den Tisch und beginne, sie auszuziehen. Hauptsache, sie trägt dann noch ihr Kostüm. Es muss sie doch beengen, sie wird selbst froh sein, es loszuwerden, und helfen, den Blazer aufzuknöpfen, nervös den Rock hochzuziehen, der so fest ihre heißen Hüften umspannt. In dem Moment kann ich aus den Strandlatschen schlüpfen.

Oder, konnte ich mich nicht beruhigen, vielleicht sollte ich sie um irgendeine Kleinigkeit bitten. Seife zum Beispiel. Nein, widersprach ich mir selbst, dann schwant ihr etwas. Seife besser nicht. Lieber eine Zahnbürste. In Strandlatschen zu ihr gehen, mit nacktem Oberkörper, vielleicht mit Sonnenbrille, und streng und wortkarg um eine Reservezahnbürste bitten. Sagen, ich hätte meine im Zug vergessen, hab zu eilig zusammengepackt, Frauen geholfen, ihre Kinder auf den Bahnsteig zu heben, Rentner evakuiert. Die Zahnbürste befindet sich bestimmt im Bad. Und wenn sie in ihrem Business-Kostüm dort hingeht, könnte ich ihr nachschleichen, mich hinter sie stellen, ganz nah, sodass sie mein Deo riecht und erregt erstarrt, alles verstehend und vorhersehend. Dann könnte ich ihre Kleider berühren und spüren, wie ihr empfindsamer Körper erzittert, ihr schweigend den Blazer ausziehen, ihr helfen, den Rock fallen zu lassen, sodass sie nur in ihrer weißen Schülerinnenbluse und ihrer farbigen Unterwäsche da steht, ich könnte sie über das zuckerweiße Waschbecken beugen, damit sie im Spiegel sehen kann, wie sich ihre Falten vor Freude und Begehren glätten, wie sich ihre Pupillen weiten und kaum noch Luft zum Atmen bleibt. Und die Strandlatschen kann ich sogar anbehalten.

Aber das ist noch nicht alles, schraubte ich mich weiter hoch, das ist längst noch nicht alles! Man könnte mit dem Notebook zu ihr gehen, also, das Internet funktioniert nicht, wie ist noch mal das Passwort? Vielleicht lümmelt sie dabei im Business-Kostüm auf ihrem Bett herum, erschöpft vom langen Arbeitstag, von den vielen Gegenüberstellungen. Sie wird auf dem Bauch liegen (natürlich schläft sie gern auf dem Bauch) und Fernsehen schauen, hoffentlich ohne Ton, das lenkt nur ab. Ich könnte mich zwischen sie und den Bildschirm stellen, gefasst und streng nach dem Passwort fragen. Und sie sagt dann vielleicht: Weißt du, ich kann mich selbst nicht mehr erinnern, gib mir das Notebook, ich stell es dir ein. Sie klopft mit der Hand auf die Matratze neben sich, komm, alles wird gut. Und ich lass mich ruhig (ruhig!) neben sie fallen. Hauptsache nicht vergessen, die Strandlatschen abzustreifen! Und wenn sie anfängt, sich in den Computer zu vertiefen, dann kann ich ihr Ratschläge geben und wie unbeabsichtigt meine Hand auf die ihre legen und ihr Haar berühren und – aufmerksam und selbstsicher – in ihre weit geöffneten Augen schauen. Und wenn sie zu verstehen beginnt und mein schlappes Notebook beiseitelegt, dann muss ich gar nichts mehr tun – sie selbst wird auf mich springen und ihren Blazer abwerfen und den Reißverschluss am Rock aufzerren und in meinen durchtrainierten Körper beißen (wenn ich ohne T-Shirt gekommen bin) oder vor Ungeduld an meinem T-Shirt nagen (wenn ich es anhabe). Und ich muss einfach männlich und wortkarg bleiben, streng, aber gerecht, zäh, kraftvoll und dankbar.

▸ Aus *Mesopotamien* von Serhij Zhadan

Am Meer Es ist so weit. Tagesanbruch, das Formlose nimmt Form an. Die Elemente ordnen sich, der Himmel trennt sich vom Meer, der Horizont zeichnet sich ab. Die drei Jungs treffen ihre Vorbereitungen, systematisch, in einer bestimmten Reihenfolge, die einem Ritual entspricht: Auf dem Parkplatz wachsen sie ihr Brett, prüfen die Befestigung der Leash, ziehen Spezialunterwäsche aus Polypropylen an, bevor sie sich unter Verrenkungen in die Surfanzüge zwängen – das Neopren klebt am Körper, es reibt und greift manchmal die Haut an –, ein Ballett von Gummihampelmännern, das gegenseitige Hilfe erfordert, sie berühren einander, hantieren miteinander; danach die Schuhe, die Kapuze, die Handschuhe, und dann fallen die Wagentüren zu. Sie gehen zum Meer hinunter, Surfbrett unterm Arm, leicht, durchmessen mit großen Schritten den Strand, wo die Kieselsteine unter ihren Füßen höllisch prasselnd nachgeben, am Wasser angekommen, alles vor ihnen wird jetzt deutlicher, das Chaos und das Fest, fixieren sie die Leash am Fußgelenk, ziehen die Kapuze zurecht, lassen noch den letzten Streifen nackter Haut am Hals verschwinden, indem sie nach der Strippe in ihrem Rücken greifen und den Reißverschluss bis zum obersten Zahn schließen – sie müssen ihre Jungmännerhaut so gut wie möglich schützen, eine Haut, die am Rücken, an den Schulterblättern oft von Pickeln übersät ist, nur Simon Limbres trägt an der Schulter ein Maori-Tattoo zur Schau –, und diese Bewegung, das ruckartige Hochrecken des Arms, bedeutet, dass die Session anfängt, let's go!, während gleichzeitig die Herzen zu beben, sich im Brustkorb zu regen beginnen, vielleicht ihre Masse und ihr Volumen zunimmt, ihr Pochen sich verstärkt, zwei unterschiedliche Sequenzen in ein und demselben Puls, zwei Schläge, immer dieselben: Angst und Lust.

Sie gehen ins Wasser. Schreien nicht, als sie eintauchen mit ihren hautengen elastischen Hüllen, in denen Körperwärme, Beweglichkeit und Schnellkraft erhalten bleiben, geben keinen Laut von sich, überqueren, das Gesicht verziehend, den Wall der rollenden Kieselsteine, und da das Wasser rasch tief wird und sie nach fünf oder sechs Metern schon keinen Grund mehr haben, beugen sie sich nach vorn, legen sich bäuchlings auf ihr Brett und paddeln, kraftvoll mit den Armen die Fluten teilend, durch die Brandungszone ins Offene.

Zweihundert Meter vom Ufer ist das Meer nur noch eine Wellenbewegung, es wölbt und senkt sich, wie ein Laken, das man ausbreitet und über eine Matratze wirft. Simon Limbres verschmilzt mit der Bewegung, er paddelt dem Line-up entgegen, der Zone, in der der Surfer auf die Welle wartet, er schaut sich nach Chris und John um, die weiter links liegen, kleine schwarze Figuren, kaum noch sichtbar.

Das Wasser ist dunkel, marmoriert, geädert, zinngrau. Noch immer keinerlei Schimmer, keinerlei Glanz, aber diese weißen Partikel auf der Wasseroberfläche, wie Zucker, und das Wasser ist eiskalt, 9 oder 10 °C, mehr nicht, niemals wird Simon mehr als drei oder vier Wellen nehmen können, er weiß es, Surfen im kalten Wasser strapaziert den Organismus, nach einer Stunde wird er erledigt sein, er muss die Welle auswählen, die am besten geformt ist, die einen hohen, aber nicht zu spitzen Kamm hat, deren Volute sich weit genug öffnet, damit er darin Platz findet, die bis zum Schluss andauert und dann noch die nötige Kraft hat, um auf den Strand zu sprudeln.

Er dreht sich zur Küste um, wie er es immer gern tut, bevor er sich noch weiter entfernt: Das Land ist da, auseinandergezogen, eine schwarze Kruste in bläulichem Schimmer, und es ist eine andere Welt, eine Welt, von der er sich getrennt hat. Die wie ein Sagittalschnitt aufragende Steilküste zeigt ihm die Zeitschichten, doch da, wo er sich befindet, existiert die Zeit nicht mehr, gibt es keine Geschichte mehr, nur die zufällige Flut, die ihn trägt und umherwirbelt. Sein Blick bleibt an dem zum kalifornischen Van umgewidmeten Lieferwagen hängen, der auf dem Parkplatz am Strand steht – er erkennt die Karosserie mit den im Lauf der Sessions gesammelten Aufklebern, er kennt die dicht an dicht prangenden Namen, Rip Curl, Oxbow, Quiksilver, O'Neill, Billabong, Surfweltmeister und Rockstars bunt gemischt zu einem psychedelischen Fresko mit langhaarigen Mädchen in knappen Bikinis dazwischen, dieser Van ist ihr gemeinsames Werk und das Vorzimmer der Welle –, dann fällt sein Blick auf die Rücklichter eines Autos, das landeinwärts, aufs Plateau hinauffährt, er sieht die schlafende Juliette vor sich, sie liegt mit angezogenen Beinen unter ihrer Kinderdecke, sogar im Schlaf macht sie ihr bockiges Gesicht, und plötzlich dreht er sich um, wendet sich vom Festland ab, reißt sich mit einem Ruck los, noch ein paar dutzend Meter, dann hört er auf zu paddeln.

Die Arme ruhen sich aus, die Beine lenken, Simon Limbres' Hände umklammern den Rand des Surfboards, sein Oberkörper ist leicht aufgerichtet, sein Kinn erhoben, so liegt er im Wasser. Er wartet. Alles schwankt um ihn, Stücke von Meer und Himmel tauchen auf und verschwinden wieder in den Strudeln der trägen, schweren, holzigen Oberfläche, einer basaltischen Masse. Sein Gesicht brennt im rauen Morgengrauen, die Haut spannt, seine Wimpern werden hart wie Plastikschnüre, die Linsen hinter seinen Pupillen vereisen, als hätte man sie in der Tiefe eines Gefrierfachs vergessen, und sein Herz beginnt auf die Kälte zu reagieren und schlägt langsamer; da sieht er sie plötzlich, sieht sie näher kommen, fest und homogen, die Welle, die Verheißung, und instinktiv nimmt er die richtige Position ein, um hineinzugleiten, sich hineinzustehlen wie ein Gangster in einen auszuraubenden Tresor – dieselbe Vermummung, dieselbe Millimeterarbeit –, sich in die Rückseite der Welle einzufädeln, in diese Torsion der Materie, wo das Innere sich noch weiter und tiefer anfühlt als das Äußere, sie ist da, dreißig Meter entfernt, sie kommt mit konstanter Geschwindigkeit näher, und nun, die Energie auf seine Unterarme konzentriert, legt Simon los, paddelt mit aller Kraft, um genau in dieser Geschwindigkeit die Welle zu nehmen, um von ihrer Wand mitgenommen zu werden, und jetzt kommt das Take-off, eine superschnelle Phase, in der sich die ganze Welt konzentriert und überstürzt, in der man blitzschnell tief einatmen, die Luft anhalten, die Körperspannung auf eine einzige Aktion ausrichten und aufspringen, sich auf die Beine stellen muss, den linken Fuß nach vorn, regular, die Knie gebeugt, den Rücken fast parallel zum Brett, die Arme ausgebreitet, um das Ganze zu stabilisieren, diese Sekunde ist für Simon entschieden die schönste, in dieser Sekunde kann er seine zersplitterte Existenz als ein Ganzes begreifen, sich im Einklang mit den Elementen fühlen, mit dem Leben verschmelzen, und wenn er sich dann auf dem Brett aufgerichtet hat – der Höhenunterschied zwischen Wellental und Wellenberg beträgt in diesem Augenblick schätzungsweise mehr als eineinhalb Meter –, weitet er den Raum, dehnt die Zeit, schöpft die Energie jedes Meeresatoms bis zum Ende aus. Wird Brandung, wird Welle.

Er stößt einen Schrei aus bei diesem ersten Ride

und befindet sich für einen Moment im Stand der Gnade – Taumel der Horizontalen, er ist ganz dicht an der Oberfläche der Welt, als ginge er aus ihr hervor, triebe in ihrem Strom –, der Raum überwältigt ihn, erdrückt ihn genauso, wie er ihn befreit, sättigt seine Muskelfasern, füllt seine Bronchien, versorgt sein Blut mit Sauerstoff; die Welle entfaltet sich in ungewissem Tempo, man weiß nicht, ob langsam oder schnell, sie schiebt die Sekunden auf, eine um die andere, bis sie sprudelnd ausläuft, sinnlose organische Masse, Simon Limbres aber, es ist unglaublich, macht kehrt, nachdem er die prasselnden Kieselsteine zu spüren bekommen hat, und paddelt sofort wieder los, ohne den Boden zu berühren, ohne sich mit den flüchtigen Figuren aufzuhalten, die sich im Schaum bilden, wenn das Meer aufs Land trifft, Oberfläche auf Oberfläche, er paddelt noch stärker, hinaus aufs offene Meer, zu der Schwelle, wo alles beginnt, wo alles ins Rollen kommt, er hat seine Freunde eingeholt, die bald den gleichen Schrei ausstoßen werden, und das Set von Wellen, das vom Horizont her auf sie zurollt und ihre Körper fordert, gönnt ihnen keine Pause.

Kein anderer Surfer ist am Spot erschienen, niemand hat sich an die Brüstung gestellt, um ihnen beim Surfen zuzuschauen, niemand hat sie eine Stunde später ausgelaugt, gerädert, taumelnd aus dem Wasser kommen, mit weichen Knien über den Strand zurück zum Parkplatz gehen und das Auto aufschließen sehen, niemand hat ihre blauen, geschundenen, bis unter die Nägel violett verfärbten Hände und Füße bemerkt, die schuppige Haut ihrer sich schälenden Gesichter, ihre rissigen Lippen und klappernden Zähne, tack, tack, tack, dieses anhaltende Zittern des Kiefers und des gesamten Körpers, das sie nicht bändigen konnten; niemand hat etwas gesehen, und als sie wieder angezogen waren, mit wollener Unterwäsche unter den Hosen, mehreren Pulloverschichten, Lederhandschuhen, hat niemand beobachtet, wie sie sich gegenseitig den Rücken rieben, ohne etwas anderes sagen zu können als Scheiße nochmal, meine Fresse aber auch, wo sie doch so gern geredet, ihre Wellenritte beschrieben, von der Session geschwärmt hätten; frierend haben sie sich in den Lieferwagen gesetzt, Chris hat, umstandslos, die Kraft gefunden, den Motor anzulassen, und sie sind davongefahren.

▸ Aus *Die Lebenden reparieren* von Maylis de Kerangal

Im Café Wenn mir nach Luxus zumute ist, mache ich einen Spaziergang rund um die Madeleine. Das ist ein reiches Viertel. Die Straßen riechen nach der hölzernen Pflasterung und nach Auspuffrohren. Der Windstoß, der den Autobussen und Taxis folgt, bläst mir ins Gesicht und auf die Hände. Die Rufe, die ich momentlang höre, beim Vorbeigehen an den Cafés, scheinen aus einem Megaphon zu kommen, das geschwenkt wird. Ich betrachte die stehenden Autos. Parfumluft hinter den Frauen. Ich überquere die Boulevards nur, wenn ein Wachmann den Verkehr stoppt.

Ich bilde mir ein, daß die Leute an den Terrassentischen mich beachten, trotz meiner abgetragenen Kleidung. Einmal hat eine Dame, die da vor einer winzigen Teekanne saß, mich gemustert. Glücklich und voll der Hoffnung bin ich wieder umgekehrt. Aber die Gäste haben gelächelt, und der Kellner hat mich fixiert.

Lange Zeit habe ich mich an diese Unbekannte erinnert, an ihren Hals, an ihre Brüste. Kein Zweifel: ich hatte ihr gefallen.

In meinem Bett, wenn ich es Mitternacht schlagen hörte, war ich gewiß, daß sie an mich dachte.

Ah! Wie möchte ich reich sein!

Der Pelzkragen meines Überziehers riefe Bewunderung hervor, besonders in den Vorstädten. Mein Rock stünde offen. Eine goldene Kette zöge sich quer über das Gilet; eine Kette aus Silber verbände meine Geldbörse mit dem Hosenträger. Meine Brieftasche befände sich in der hinteren, der »Revolver«-Tasche, wie bei den Amerikanern. Wenn ich auf die Uhr schaute, gäbe mir ein Armband die Gelegenheit zu einer eleganten Geste. Meine Hände würde ich in die Jackentaschen stecken, die Daumen nach außen, und nicht, wie die Neureichen, in die Ärmelausschnitte der Gilets.

Ich hätte eine Maîtresse, eine Schauspielerin.

Sie und ich, wir würden den Apéritif nehmen auf der Terrasse des größten Cafés von Paris. Um uns den Weg freizumachen, würde der Kellner die Rundtischchen wegrollen wie Fässer. In unseren Gläsern schwämme ein großes Stück Eis. Die Bespannung der Sessel wäre nicht halb abgelöst.

Wir würden speisen in einem Restaurant, wo es Tischtücher gibt und Blumen mit verschieden langen Stengeln.

Sie würde vorangehen. Geputzte Spiegel würden meine Silhouette verhundertfachen, wie eine Legion von Gaslampen. Wenn der Maître d'hôtel sich zu unserer Begrüßung verneigte, würde sich seine Hemdbrust wölben, vom Bauch bis zum Kragen. Der Sologeiger würde rückwärts gehen, sich auf ein Podest schwingen und sich dabei hin und her wiegen. Haarsträhnen würden ihm über die Augen hängen, als käme er gerade aus einem Bad.

Im Theater hätten wir eine Loge für uns. Beim Vorbeugen könnte ich den Vorhang berühren. Der ganze Saal würde uns beobachten, mit Operngläsern.

Mit einem Schlag würden die Rampenlichter, hinter ihren Zinkblechschirmen, die Szene beleuchten.

Wir sähen die Umrisse des Dekors und, in den Kulissen, bewegungslose Schauspieler.

Ein eleganter Sänger, mit seinen kohlschwarzen Knöpfen, würde uns nach jedem Couplet mit einem Blick bedenken.

Danach liefe eine Tänzerin herbei, auf den Zehenspitzen. Die gelben, roten und grünen Lichter des Scheinwerfers, die sie verfolgten, würden immer leicht von ihr wegrutschen, wie die Farben auf den billigen Druckbögen.

Am Morgen begäben wir uns in den Bois, per Taxi.

Die Ellbogen des Chauffeurs würden hin- und herrucken.

Durch die betreßten Türscheiben würden wir stehengebliebene Leute erblicken, und andre, scheinbar ganz langsam gehende.

Wenn in einer Kurve das dahinjagende Taxi uns gegeneinanderwürfe, so würden wir uns küssen.

Bei der Ankunft stiege ich zuerst aus, mit gesenktem Kopf, dann reichte ich meiner Gefährtin die Hand.

Ohne einen Blick auf den Zähler würde ich bezahlen. Die Tür ließe ich offen.

Es gäbe Passanten, die uns anstarrten. Ich würde so tun, als sähe ich sie nicht.

Ich würde meine Maîtresse in einer Garçonnière empfangen, im Erdgeschoß eines neuen Hauses.

Flachgehämmerte Palmen aus Schmiedeeisen beschützten das Spiegelglas an der Tür des Gebäudes. Der Klingelknopf erstrahlte inmitten einer Schale aus Bronze. Schon auf der Schwelle unterschiede man, am Ende des Korridors, das rötliche Holz eines Aufzugs.

Am Morgen hätte ich eine Dusche genommen. Meine Wäsche duftete nach Bügeleisen. Zwei geöffnete Knöpfe an meinem Gilet gäben mir etwas Lässiges.

Meine Maîtresse träfe ein um drei Uhr.

Ich nähme ihr den Hut ab. Wir nähmen Platz auf einem Sofa. Ich küßte ihre Hände, ihren Ellbogen, ihre Schultern.

Hernach: die Liebe!

Meine Geliebte, berauscht, sänke hintüber, und es erschiene das Weiße an ihren Augen. Ich hakte ihr das Mieder auf. Mir zuliebe hätte sie ein Spitzenhemd an.

Dann gäbe sie sich hin, murmelnd Worte der Liebe, und mir das Kinn netzend mit ihren Küssen.

▸ Aus *Meine Freunde* von Emmanuel Bove

Im Keller Katja blieb im Verlauf des Abends irgendwann neben mir stehen. Bis dahin waren wir, gleichsam unsere Begegnung hinauszögernd, separat durch den Raum gekreist. Ich hatte mir bislang nicht gesagt, daß ich in sie verliebt sei, und vielleicht war ich es bis zu diesem Abend nicht gewesen. Es hatte nur stets eine unbestimmte Andeutung zwischen uns in der Luft gelegen, aber diese war nicht konkret, sie konnte sich vielleicht auf nächtliche Spaziergänge oder überhaupt gewisse neue Erkenntnisse über die Welt beziehen, aber es war nicht so, daß der Name *Katja* schon in mich eingebrannt gewesen wäre.

Ich notierte in einem inneren Protokoll jedes Detail und jede Sekunde unserer Annäherung. Sie stand rechts von mir, ihre Stirn vielleicht dreißig Zentimeter von meinem Mund entfernt, und mein Blick wechselte zwischen ihren Augen und ihrer Stirn hin und her. Ich hatte plötzlich den Wunsch, sie zu küssen, aber verbot mir diesen Wunsch, und die Welle unseres gemeinsamen Gesprächs trug mich auch schon wieder davon. Aber genau in dem Moment, da ich den Wunsch in mir aufkommen sah, sie zu küssen (und im selben Moment spürte, daß auf den ersten Kuß notwendigerweise eine unendliche Reihe weiterer Küsse folgen müßte), ergriff sie meine Hand, was sie noch nie getan hatte. Während sie das tat, schaute sie mich nicht an, sondern drehte sich etwas in meinen Rücken und lehnte ihre eine Schulter und ihr Schulterblatt gegen mich. Ich tat in dem Augenblick genau dasselbe, so daß wir uns beide gleichzeitig, allerdings fast ohne Gewicht, aneinanderlehnten.

Für einen Moment war damit ihr Gesicht außerhalb meines Gesichtsfeldes. Ich drehte meinen Kopf nicht zu ihr, sondern schaute für diesen Moment, der mir heute allerdings wie eine halbe Ewigkeit vorkommt, in den Partyraum und auf die anderen. Eigentlich schaute ich aber auf nichts und niemanden Bestimmten, sondern einfach bloß in die Welt hinaus, wie man auf ein Meer oder in die Farben des Himmels schaut. Ich war über das, was eben geschehen war (das Anlehnen), nicht erstaunt, denn ich hatte schon andere Mädchen berührt, aber es durchströmte mich diesmal etwas, was ich nicht kannte. Alles war von mir genommen, ich hatte keinerlei Fragen, es gab keine Notwendigkeiten, etwas hatte sich plötzlich aufgelöst. Im Zentrum dieser Empfindung stand übrigens zunächst gar nicht Katja Melchior, sie stand ja nur schräg an mir, aber durch ihre Schulter, ihr Schulterblatt und ihre Hand erfolgte in diesem Moment die vielleicht größte Operation, die man seit meiner Geburt an mir vorgenommen hatte. Das Gefühl, das mich durchströmte und von Katja ausging, fühlte sich an wie eine komplette Ruhe. Dieses Gefühl war für mich völlig neu. Als drehe man den Ton weg, und alles wird still.

Was sah ich? Ich sah den an die Wand geräumten Tisch, auf dem die Salatschüsseln standen. Den Limonadenkasten, der unter den Tisch geräumt war, neben ihm zwei offene Kartons, in denen sie die Chips- und Flipstüten transportiert hatten. Die Gitter des dunklen Schachtfensters oberhalb des Tisches. Heiko, wie er am Plattenspieler steht und mit Anna Wicke spricht, gerade zieht er eine Platte aus einem Stapel, zeigt etwas auf dem Cover und macht dazu irgendwelche fachmännischen Ausführungen, die ich nicht verstehe und von denen ich nicht weiß, daß ich mich, auch wenn ich sie nicht höre, noch in Jahrzehnten an sie erinnern würde, und zwar in Form von Heikos Gesten. Anna Wickes konzentrierter Blick auf das ihr gezeigte Plattencover. Alex Binder, das Bild durchschreitend, kurz dreht er seinen Kopf zu uns hin, seine Schritte sind für mich so verlangsamt, als stapfe er durch tiefes Wasser. Er tritt auf Anke zu, sie sprechen, ich höre nichts, aber alles wirkt auf mich so, als müßte es genau so sein. Als hätte all das etwas, was ich später in der Philosophie unter dem Ausdruck *universelle Gültigkeit* wiederfinden würde. Lemmys Schuhe. Er trägt als einziger Junge im Raum keine Turnschuhe, sondern diese geradezu grotesk pseudoerwachsen wirkenden schwarzen Lederhalbschuhe, wie man sie gemeinhin zu Straßenanzügen trägt.

Und während ich so schaue, dreht sich Katja Melchior langsam in mein Gesichtsfeld hinein, bis ihr Gesicht so nahe vor mir ist, daß es den Partyraum um mich herum versperrt. Sie kommt mir immer näher, hat die Augen geschlossen, und in dem Moment, als ihre Stirn meine berührt, habe ich meine Augen ebenfalls bereits geschlossen. Nun ist alles schwarz, und ich spüre ihren Atem, die Kühle ihrer Stirn und das Leben in dieser Person.

▸ Aus *Der Ort* von Andreas Maier

In der Bibliothek Den Mann im blauen Overall erkannte Maria erst mit Verzögerung. Eine halbe Stunde lang hatte sie ihren Erinnerungen nachgehangen und sich gefragt, ob das Schuldgefühl irgendwann der Erleichterung weichen und sie damit aufhören würde, Luís zu vermissen. Unterdessen nahm der Betrieb im Lesesaal ab. Vorne bei der Ausleihe entstand ein Streit, weil sich jemand vorgedrängt hatte. Also doch, dachte sie. Mit eiligen Schritten und zwei Bücherstapeln in den Händen durchquerte Falk den Saal und steuerte einen freien Tisch an. Nach der Demo im Dezember waren sie einander nicht mehr begegnet. Das Referat über die Schaubühne hatte sie in der letzten Sitzung des Semesters allein gehalten, mit vor Aufregung heiserer Stimme, ihr erster Seminarvortrag auf Deutsch. Jetzt stellte sie ihre Tasche auf den Boden und beobachtete, wie Falk ein Buch nach dem anderen in die Hand nahm, es durchblätterte und zurücklegte, als genügte es seinen Ansprüchen nicht. Die Umgebung nahm er nicht wahr, sonst hätte er sie sehen müssen.

Vor wenigen Wochen hatte sie auf einem Aushang im Institut gelesen, dass eine neugegründete FU-Studentenbühne ein Stück mit dem Titel *Mauerwerk* einstudieren wollte. Als Kontakt waren zwei Namen angegeben, einer davon Falks. Es musste das Stück sein, von dem er erzählt hatte, aber ob er sie dabeihaben wollte, wusste sie nicht. Während der Wintermonate hatte sie das Studium mit einem gewissen Eifer betrieben und sich ansonsten wechselnden Stimmungen überlassen. Nach Luís' Abflug war sie am Silvesterabend in eine Kneipe gegangen, hatte viel getrunken und morgens um drei Uhr einen fremden Kerl mit in die Wohnung genommen. Vielleicht um sich von ihrer Freiheit zu überzeugen und weil sie so etwas noch nie getan hatte. Das Vorspiel hatten sie im Flur hinter sich gebracht und lagen nackt im Bett, als er meinte, mit Gummi wolle er nicht. Ein Handgemenge begann, ein zunächst spielerisches, von Küssen begleitetes Ringen, aber als sein Griff fester und der Tonfall drohend wurde, war in ihrem Kopf eine Sicherung durchgebrannt. Panisch hatte sie nach ihm getreten, ihn angebrüllt und mit Büchern beworfen, bis er seine Klamotten auf den Arm nahm und ins Treppenhaus floh. Sie sei vollkommen verrückt, rief er, bevor die Tür ins Schloss fiel. Vielleicht war in dem Moment alles aus ihr herausgebrochen, jedenfalls hatte sie eine Stunde lang nicht aufgehört, hysterisch zu weinen. Nackt auf dem Teppich im Flur. Am nächsten Morgen beschloss sie, dass sie keine neuen Abenteuer brauchte, sondern eine Freundin zum Reden und genügend Scheine, um sich zur Zwischenprüfung anzumelden. So war es, von den Besuchen im Café und den Gesprächen mit Ana abgesehen, ein ruhiger, langer und ziemlich öder Winter geworden.

Nach zehn Minuten beendete Falk die Inventur der Bücher. Zwei Bände steckte er in die Brusttasche seines Overalls, die anderen ließ er auf dem Tisch liegen. Außer Maria hatten zwei Jugendliche in der Musikabteilung den Diebstahl bemerkt und deuteten feixend auf die sich entfernende Gestalt. An der Garderobe, wo er in aller Ruhe seinen Rucksack in Empfang nahm, holte Maria ihn ein. »Hallo.« Nickend schob sie die Blechmarke über den Tresen und bekam von der übergewichtigen Dame dahinter ihren Parka ausgehändigt. »Arbeitest du auch hier?«

»Lange nicht gesehen.« Er band sich ein Tuch um den Hals und musterte sie wie bei ihrem Besuch in der WG. Ein wenig aufdringlich, aber ohne Anzeichen von Feindseligkeit. »Dachte schon, sie hätten dich ausgewiesen. Alles okay? Hast dich nicht mehr blicken lassen.«

»Ganz okay. Du auch nicht, ich meine an der Uni.«

»Zeitverschwendung.«

»Unser Referat hab ich allein gehalten.«

Den Blick auf das Jefferson-Zitat an der Wand gerichtet, schien er zu überlegen, ob ihre Äußerung eine Antwort erforderte. Dann ging er nach draußen. Der Taubenschwarm, den Maria seit der Demo oft am Himmel entdeckte, zog parallel zum Kanal über die Dächer. Die Titel der beiden Bücher, die Falk unter dem Overall hervorzog und in seinen Rucksack steckte, konnte sie nicht erkennen.

»Du klaust«, stellte sie fest.

»Willst du mich verpfeifen?« Er stieß ein gehetztes Lachen aus, dem Maria nicht traute. Ein paarmal war sie kurz davor gewesen, ihn zu besuchen, aber der Gedanke an den frostigen Empfang in der WG hatte sie zurückgehalten. »Mach dir bloß keinen Kopf«, sagte er, als hätte er ihre Gedanken erraten. »Du hast nichts erzählt, was sie nicht wussten. In der Fünfundvierzig hab ich mich zu weit aus dem Fenster gelehnt. Es gab Fotos. Was die Schweine mit dir gemacht haben, diente bloß der Einschüchterung. War's schlimm?«

»Ging so«, sagte sie, halb erleichtert. »Was ist weiter passiert?«

»Gemeinnützige Arbeit. Ich hab dem Richter gesagt, dass ich Theaterstücke gegen die ideologische Verwirrung unserer Zeit schreibe und dass es gemeinnütziger nicht geht. Hat er nicht akzeptiert. In einem Jugendclub in Neukölln sollte ich den Hausmeister spielen, aber der Leiter hat eingesehen, dass meine Talente woanders liegen. Also hab ich den Kids beigebracht, wie man Molotowcocktails baut.«

Wahrscheinlich stimmte nur die Hälfte, aber Maria war froh, dass er ihr nicht grollte. Mit den Händen in den Taschen stand er vor ihr, trug eine Jeansjacke über dem Overall und war der unattraktivste Mann, zu dem sie sich je hingezogen gefühlt hatte. Er rasierte sich nicht und hatte trotzdem keinen richtigen Bart. »Warum klaust du Bücher?«, fragte sie.

»Tue ich nicht. Ich lese sie und bringe sie zurück. Außer, wenn sie gut sind.«

»Warum leihst du sie nicht aus, wie alle anderen?«

»Um sie zu lesen und wieder zurückzubringen? Das machen andere schon.« Er schüttelte den Kopf. »Du stellst immer noch zu viele Fragen. Hast du den Aushang im Institut gesehen? Wir bringen das Stück. Bis jetzt haben sich fünf Leute gemeldet. Drei standen noch nie auf der Bühne.«

»Erzähl mir, worum es überhaupt geht.«

»Hast du schon mal Theater gespielt?«

»Einmal in der Schule.«

»Welches Stück?«

»*Lady Windermere's Fan.*« Die Erinnerung brachte sie zum Lachen, und sie hätte die Geschichte gern erzählt, aber Falk winkte ab und ging zu den Fahrradständern. Teenager, die sich bewegten, wie es Senhora Nogueiras Vorstellung von der viktorianischen Oberschicht entsprochen hatte. Als hätten sie einen Stock verschluckt. Vor Nervosität hatte Maria fünf Minuten vor dem Auftritt ihre Tage bekommen, und weil so schnell nichts anderes aufzutreiben gewesen war, den Part der Lady Plymdale mit einem Stofftaschentuch zwischen den Beinen gespielt. Hinterher war sie für ihr besonders englisches Gebaren gelobt worden. »Ist das dein Rad?«, fragte sie, als Falk ein nicht abgeschlossenes Klapprad aus dem Ständer zog. »Oder leihst du es aus und bringst es zurück?«

»Komm zum nächsten Treffen am Montag. Und

falls du noch Interesse an dem Zimmer hast: Das ist jetzt frei.«

»Jetzt«, sagte sie.

»Natürlich entscheide ich nicht alleine. Wir machen eine Hausversammlung, du stellst dich vor, danach wird abgestimmt. Wenn du nicht behauptest, CDU zu wählen oder für die Bullen zu arbeiten, müsste es klappen. Überleg es dir, und sag mir am Montag Bescheid, es gibt noch andere Interessenten. Ich muss los.«

»Willst du, dass ich bei euch einziehe?«

»Frag dich, was du willst.« Damit schwang er sich auf das Rad und fuhr davon.

In den kommenden Tagen ließ er sich nicht im Lesesaal blicken, dafür stieß sie bei ihrer Goffman-Lektüre auf einen Gedanken, der interessant genug war, um ihm eine Hausarbeit zu widmen. Während sie sich mit dem Wörterbuch durch die Texte arbeitete, begann draußen der Frühling, und je länger sie darüber nachdachte, desto verlockender erschien ihr die Idee eines Wohnungswechsels. In der Waldemarstraße wurden die Streitigkeiten ihrer Mitbewohner immer heftiger, die anschließenden Versöhnungen ebenfalls, und sie hatte es satt, am Schreibtisch zu sitzen und anderen beim Leben zuzuhören.

▸ Aus *Gegenspiel* von Stephan Thome

Am Telefon Jahrelang hatten wir ein festes Arrangement für die Telefonverbindung mit der Familie in Tel Aviv. Alle drei oder vier Monate riefen wir sie an, obwohl weder wir noch sie Telefon hatten. Als erstes schrieben wir einen Brief an Tante Chaja und Onkel Zvi, um ihnen mitzuteilen: Am 19. des Monats, das ist ein Mittwoch, und mittwochs hat Zvi ja schon um drei Uhr Dienstschluß bei der Krankenkasse, rufen wir um fünf Uhr nachmittags von unserer Apotheke in eurer Apotheke an. Der Brief wurde lange im voraus abgeschickt, und dann warteten wir auf Antwort. In dem Antwortbrief versicherten uns Tante Chaja und Onkel Zvi, Mittwoch, der 19., sei ihnen sehr recht, und sie würden selbstverständlich kurz vor fünf Uhr in der Apotheke sein, aber wir sollten uns keinerlei Sorgen machen, falls es bei uns etwas nach fünf würde, sie liefen bestimmt nicht weg.

Ich weiß nicht mehr, ob wir für den Gang zur Apotheke, zu Ehren des Telefongesprächs nach Tel Aviv, unsere besten Kleider anzogen, aber es würde mich nicht wundern. Es war ein feierliches Unternehmen. Schon am Sonntag davor sagte Vater zu Mutter: Fania, denkst du daran, daß wir diese Woche in Tel Aviv anrufen? Am Montag sagte Mutter: Arie, komm übermorgen bitte nicht zu spät nach Hause, damit nichts schiefgeht. Und am Dienstag sagten beide zu mir:

Amos, bereite uns bloß keine Überraschung, werde uns nicht krank, hörst du, erkälte dich nicht und fall nicht hin bis morgen nachmittag. Am Dienstag abend sagten sie zu mir: Geh früh schlafen, damit du morgen am Telefon in Form bist. Du sollst dich nicht so anhören, als hättest du nicht genug gegessen.

So steigerten sie die Erregung. Wir wohnten in der Amos-Straße, und bis zur Apotheke in der Zefanja-Straße waren es zu Fuß gerade einmal fünf Minuten, aber schon um drei Uhr sagte Vater zu Mutter: »Bitte, fang jetzt nichts Neues mehr an, damit du nicht in Zeitnot gerätst.«

»Bei mir ist alles in Ordnung, aber du mit deinen Büchern, vergiß es über ihnen nicht völlig.«

»Ich? Vergessen? Ich schaue doch alle paar Minuten auf die Uhr. Und Amos wird mich erinnern.«

Da bin ich gerade einmal fünf oder sechs Jahre alt, und schon wird mir historische Verantwortung auferlegt. Eine Armbanduhr hatte ich nicht, und so rannte ich alle paar Minuten in die Küche, um nachzusehen, was die Uhr zeigte, und dann meldete ich, wie beim Start eines Raumschiffs: noch fünfundzwanzig Minuten, noch zwanzig, noch fünfzehn, noch zehneinhalb Minuten – und wenn ich »noch zehneinhalb Minuten« verkündete, standen wir auf, schlossen die Wohnung sorgfältig ab und machten uns zu dritt auf den Weg – links bis zu Herrn Austers Lebensmittelladen, rechts in die Secharja-Straße, links in die Malachi-Straße, rechts in die Zefanja-Straße, und schon betraten wir die Apotheke und sagten: »Guten Tag, Herr Heinemann, wie geht es Ihnen? Wir sind zum Telefonieren gekommen.«

Er wußte natürlich, daß wir am Mittwoch kommen würden, um die Verwandten in Tel Aviv anzurufen, wußte auch, daß Zvi bei der Krankenkasse arbeitete, Chaja eine wichtige Funktion im Arbeiterinnenrat ausübte, Jigal einmal Sportler werden würde und daß sie eng mit Golda Meyerson, der späteren Golda Meir, und mit Mischa Kolodny, der hier Mosche Kol hieß, befreundet waren, aber trotzdem erinnerten wir ihn: »Wir sind gekommen, um unsere Verwandten in Tel Aviv anzurufen.« Herr Heinemann erwiderte: »Ja, natürlich. Nehmen Sie doch bitte Platz«, und erzählte uns seinen Standardtelefonwitz: Einmal, während des Zionistischen Kongresses in Zürich, schallte plötzlich schreckliches Gebrüll aus einem Nebenraum. Berl Locker fragte Harzfeld, was da los sei, worauf Harzfeld ihm antwortete, der Genosse Rubaschow spreche gerade mit Ben Gurion in Jerusalem. »Spricht mit Jeruschalajim«, staunte Locker, »warum benutzt er dann nicht das Telefon?«

Vater sagte: »Ich wähle jetzt.« Und Mutter sagte: »Es ist noch zu früh, Arie. Es ist ein paar Minuten vor der Zeit.« Worauf er sagte: »Ja, aber bis wir eine Verbindung bekommen.« (Es gab damals noch keine Direktwahl.) Mutter: »Ja, aber was ist, wenn wir zufällig sofort eine Verbindung bekommen, und sie sind noch nicht da?« Vater entgegnete: »In diesem Fall versuchen wir es einfach noch einmal.« Und Mutter: »Nein, sie werden sich Sorgen machen, sie werden meinen, sie hätten uns verpaßt.«

Während sie noch debattierten, war es beinahe fünf Uhr geworden. Vater hob den Hörer ab, im Stehen, und sagte zu der Telefonistin: »Guten Tag, meine Dame. Ich hätte gern Tel Aviv 648.« (Oder so ähnlich: Wir lebten damals noch in einer dreiziffrigen Welt.) Manchmal sagte die Telefonistin: »Bitte warten Sie noch ein paar Minuten, mein Herr, jetzt spricht gerade der Herr Postdirektor.« Oder Herr Siton. Oder Herr Nashashibi. Und wir wurden ein wenig nervös, denn was würde man dort von uns denken?

Ich konnte ihn regelrecht vor mir sehen, diesen einzigen Draht, der Jerusalem mit Tel Aviv verband – und dadurch mit der ganzen Welt –, und wenn diese Leitung besetzt war, waren wir von der Welt abgeschnitten. Dieser Draht schlängelte sich über Ödland und Felsen, zwischen Bergen und Tälern hindurch, und ich hielt das für ein großes Wunder. Und erschauerte: Was, wenn bei Nacht wilde Tiere kommen und den Draht durchbeißen? Oder böse Araber ihn kappen? Oder Regen in ihn einsickert? Oder ein Feuer ausbricht? Wer weiß. Da windet sich dieser dünne, verletzliche Draht, unbewacht, von der Sonne geröstet, wer weiß. Mich erfüllte tiefe Dankbarkeit gegenüber den Leuten, die ihn verlegt hatten, mutigen und geschickten Menschen, denn es war doch nicht so leicht, einen Draht von Jerusalem bis nach Tel Aviv zu spannen. Aus eigener Erfahrung wußte ich, wie schwer sie es gehabt haben mußten: Einmal hatten wir einen Bindfaden von meinem zu Elijahu Friedmanns Zimmer gespannt, gerade einmal zwei Häuser und einen Hof entfernt, einen einfachen Bindfaden, aber es war eine richtige Affäre: Bäume im Weg, Nachbarn, Schuppen, Mauer, Treppenstufen, Sträucher.

Nach kurzem Warten beschloß Vater, daß der Herr Postdirektor oder Herr Nashashibi ihr Gespräch beendet haben mußten, nahm wieder den Hörer auf und sagte zu der Telefonistin: »Entschuldigen Sie, meine Dame, wie mir scheint, hatte ich Tel Aviv 648 verlangt.« Sie sagte: »Ich habe es notiert, mein Herr. Bitte warten Sie.« (Oder: »Bitte fassen Sie sich in Geduld.«) Darauf Vater: »Ich warte, meine Dame, selbstverständlich warte ich, aber auch am anderen Ende warten Menschen.« Das war seine Art, ihr höflich zu bedeuten, daß wir zwar kultivierte Menschen seien, unsere Selbstbeherrschung und Zurückhaltung aber auch ihre Grenzen hätten. Wir waren zwar wohlerzogene Leute, jedoch keine gutmütigen Trottel, keine Lämmer, die sich zur Schlachtbank führen ließen. Diese Geschichte – daß man Juden mißhandeln und mit ihnen verfahren konnte, wie man wollte –, die war ein für allemal vorbei.

Dann klingelte plötzlich das Telefon in der Apotheke. Das war immer ein aufregender Ton, ein magischer Augenblick, und das Gespräch verlief ungefähr so:

»Hallo Zvi?«

»Am Apparat.«

»Hier ist Arie, aus Jerusalem.«

»Ja, Arie, schalom, hier ist Zvi, wie geht es euch?«

»Bei uns ist alles in Ordnung. Wir sprechen von der Apotheke aus mit euch.«

»Wir auch. Was gibt's Neues?«

»Es gibt nichts Neues. Wie ist es bei euch, Zvi? Was hast du zu erzählen?«

»Alles in Ordnung. Nichts Neues. Man lebt.«

»Keine Neuigkeiten sind gute Neuigkeiten. Auch bei uns gibt es nichts Neues. Bei uns ist alles völlig in Ordnung. Und was ist bei euch?«

»Auch alles völlig in Ordnung.«

»Sehr gut. Nun möchte Fania mit euch sprechen.«

Und wieder dasselbe: Wie geht's? Was gibt's Neues? Und danach: »Jetzt möchte auch Amos ein paar Worte sagen.«

Und das war das ganze Gespräch: Wie geht es euch? Gut. Nu, dann werden wir bald wieder sprechen. Gut, euch zu hören. Auch gut, euch zu hören. Wir werden schreiben und den nächsten Termin vereinbaren. Wir werden sprechen. Ja. Auf jeden Fall. Bald. Auf Wiedersehen. Und paßt auf euch auf. Alles Gute. Euch auch.

▸ Aus *Eine Geschichte von Liebe und Finsternis* von Amos Oz

Im Zoo An den Wassern Borneos saßen wir. Wir saßen da und saßen, und auf einmal fanden wir einen Text im Wasser. (Die Flasche zerschmetterten wir ungeduldig auf den Felsen.) Wir lasen Folgendes:

Meist trafen wir uns im Nachtzoo. Wir hofften, so weniger Aufmerksamkeit zu erregen. Es gab auch einen Tagzoo, aber dort hätte die senkrecht auf uns gerichtete, gnadenlose Sonne gestört, die noch unsere geheimsten Gedanken beleuchtete. Wir waren einen halben Grad vom Äquator entfernt und zehntausend Grade von der Freiheit. Zudem war die feuchte Luft in der Nacht nicht so erstickend; Kälte gab es nicht, nur die kaum voneinander unterscheidbaren Hitzegrade. Nach dem Tropenregen, der meist wie ein unerwartet heftiger, aber plötzlich abreißender Orgasmus herabstürzte, ließ die Sonne sofort die Feuchtigkeit vom Asphalt verdampfen. Zwei Minuten später gehörte selbst die Erinnerung an den Regen der Vergangenheit an, die sorgsam sauber gehaltenen Kanäle verschluckten innerhalb eines Augenblicks die schieren Unmengen des Niederschlags.

Meist stieg ich bei der Haltestelle auf der Bras Basah Road in den Bus ein, der mich geradewegs zum Zoo brachte. Er fuhr die ganze Nacht über, Passagiere gab es kaum. Im Busfernsehen lief eine malaysische Seifenoper, ich starrte unverwandt auf den Flachbildschirm, bis wir die Endhaltestelle erreicht hatten. Die Endhaltestelle war der Nachtzoo. Ich weiß nicht, wer die Idee hatte, einen Nachtzoo zu eröffnen, aber es war offensichtlich ein nicht alltäglicher Geist. Obwohl auch diese, wie jede geniale Idee, ganz einfach ist. Man muss kein Wissenschaftler, kein Biologe sein, um zu wissen, dass ein Großteil der Tiere nachts am aktivsten ist, besonders die wild lebenden. In einem Zoo tagsüber kann man nur betrachten, wie seine Bewohner links und rechts ermattet daniederliegen, offensichtlich ohne die geringste Lust, auch nur ein Glied zu rühren, es sei denn, es ist gerade Fütterung, während im Nachtzoo ein erstaunlich bewegtes Leben herrscht, alle Welt kommt und geht, trifft sich, isst, macht Liebe, badet, besucht die Nachbarn – mit einem Wort: es wird gelebt. Dazu kam die raffinierte Beleuchtung, die die ganze Unternehmung sozusagen in ein *gutes Licht* rückte. Die Lampen wurden zwischen Sträucher und Baumkronen versteckt, um den Tieren nicht in die Augen zu leuchten und sie nicht zu verschrecken, und sowohl die Stärke als auch die Farben des Lichts waren optimal eingestellt. Es kam vor, dass man nur die Silhouetten der Tiere vor dem dampfenden Hintergrund der blauschwarzen Nacht erkennen konnte, als wären sie Darsteller in einem Schattenspiel – ein in dieser Gegend beliebtes Genre. Und die Besucher mochten sich wie in einem geheimnisvollen, undeutbaren Traum gefühlt haben, aus dem sie kaum Lust hatten aufzuwachen. Die zahmeren Tiere durften mit uns auf den Wegen hin und her laufen, der Tapir, zum Beispiel, legte sich regelmäßig auf die Schienen der Schmalspurbahn, wie ein an der Liebe Verzweifelter, aber nach ein wenig Schubsen und Gutzureden war er bereit, seinen ursprünglichen Plan aufzugeben und stattdessen lieber die Besucher mit seinem empfindlichen, riesigen Riechorgan zu beschnuppern.

Ich bekam schon am Eingang heftiges Herzklopfen. Wir hatten uns seit einer Woche nicht mehr gesehen, und nach einer so langen Zeit war mir dein Fehlen fast schon unerträglich. Es kam auch vor, dass wir uns häufiger treffen konnten, das hing auch vom Wetter ab, denn wenn es gerade Sturzbäche regnete, standen die Chancen für ein Treffen unter freiem Himmel nicht gut. Anderswohin konnten wir nicht gehen, die Umstände waren nicht danach, und wir wurden beide beobachtet. Neben dem Wetter nahm auch vieles andere Einfluss darauf, wie oft wir uns sehen konnten. Wir mussten aufpassen, dass wir nicht durch zu häufige Treffen den Behörden auffielen. In diesem Land war unsere Liebe nämlich verboten, sie galt als Sünde, und von der Bestrafung erholte man sich nicht so schnell. Körperliche Züchtigung wurde nicht nur erlaubt, sondern sogar idealisiert; ihrer Ideologie nach hatte die Beschränkung der Bewegungsfreiheit ohne physische Strafe keinen Sinn. Zu den verhängten Jahren gaben sie die Zahl der zu verabreichenden Stockhiebe hinzu; mit Stöcken schlugen sie auf die Spuren der vorangegangenen Hiebe. Sie meinten, nur im Fleisch manifestiert sich wirklich die Reue. So, wie auch Liebe sich nur im Fleisch wirklich manifestiert. Ich kann Zeugnis darüber ablegen, dass sich deine Berührung wie eine Marke in mein Fleisch eingebrannt hat. Es gab keine Möglichkeit mehr, sie von dort zu vertreiben, sie hat unlöschbar, für immer ihre Spuren darin hinterlassen, ich war für ein Leben gezeichnet, und würde es gelingen, es herauszuoperieren, würde ich selbst zu existieren aufhören, mich in nichts auflösen, wie ein verlorener Gedanke. Denn mein Körper, meine Seele, mein ganzes Leben erlangte nur durch dich seinen Sinn, war nur noch durch dich da, erreichte nur durch dich Erfüllung. Das Maß der Zeit war bestimmt durch das schwere Gewicht der Zeit zwischen unseren Treffen, alles andere maß sich daran, alles gewann nur im Verhältnis dazu an Bedeutung. Sobald ich durch das Tor trat, hatte ich das Gefühl, meine Zellen lebten neu auf, meine Poren öffneten sich, meine Sinne arbeiteten mit einer unwirklichen Schärfe und Genauigkeit, als hätte ich Drogen genommen. Ich vernahm deinen Geruch schon von Weitem, noch bevor ich dich sah. Ich spürte, ich wusste, du bist in der Nähe, und das reichte, damit mein Geruchssinn nicht nur die seit dem letzten Treffen vergangene Zeit überbrückte, sondern auch die restliche, räumliche Entfernung zwischen uns, so dass ich den Duft deines Körpers einatmen konnte. Am meisten sehnte ich mich danach, hinter deinem Ohr, an der Halsbeuge zu riechen. Was ich dort fand, gab mir das Gefühl, ich könnte mit Leichtigkeit das Genick einer Wildkatze mit bloßen Händen brechen, ihr lebendiges Fleisch in Stücke reißen, ich könnte einen sechstausend Meter hohen Berg erklimmen und ihm den Schnee von der Spitze lecken, langsam, bedächtig, damit die Schneeflocken auf meiner Zunge schmelzen konnten. Dieser Geruch gab mir das Gefühl, endlich nach Hause gefunden zu haben, da zu sein, wo ich immer schon hätte sein sollen, in meiner inneren, geheimen Heimat, um von dort aus weiterzugehen, nach innen, immer weiter nach innen, in die Tiefe der samtigen Dunkelheit, dorthin, von wo es keine Wiederkehr gibt, und es gibt auch nichts, für das man wiederkehren müsste, es gibt gar nichts mehr, das außerhalb wäre, oder wenn, dann ist es nur eine leere Hülle. Die Gegenwart deines künftigen Geruchs hatte, wie durch einen Zauberstreich, die Spuren deiner Berührungen auf meiner Haut entfacht, eine nach der anderen leuchtete auf, wie tausende Glühbirnen an einem festlich geschmückten Baobab. Meine Haut kribbelte davon, als hätte man wirklich Schwachstrom über sie geleitet, und in Gedanken konnte ich jede Berührung unterscheiden, sie hatten einen Platz, eine Zeit und einen Namen, und ich sah auch dein zu ihnen gehöriges Gesicht, jedes Mal, wenn eine Berührung aufflammte. Ja, das war am Ufer des Indischen Ozeans, in der Dämmerung, im lauwarmen Sand, als du mit deinen weiß aufblitzenden Zähnen diese Tätowierung in Form eines Skorpions in das dünne Fleisch oberhalb meiner Brust bissest; und dieses, als wir uns vor einem herunterstürzenden Sturm in den überdachten Vorgarten eines Gebetshauses flüchteten, unsere Rücken gegen die an jedem Millimeter behauene Steinwand lehnten, so dass eine ganze Armee von Gottheiten Zeuge wurde, wie wir die Manna auseinander tranken, leckten, sogen, bis zum letzten Tropfen, wie hungrige Schakaljunge, und von neuem und von neuem, bis sich der Sturm legte; dieses, als wir uns im Wald verirrten und nicht einmal mehr Markierungen an den Bäumen sahen, alles war unbezeichnet, so weit das Auge reichte, und deswegen waren wir gezwungen, die sich öffnende Haut, das Fleisch der jeweils anderen mit Zeichen zu versehen, damit wir irgendwie in die Welt des Sinns zurückkehren konnten, denn dort, gegen den Baumstamm gelehnt, waren wir eins geworden mit den Molekülen der Luft, verbanden wir uns mit den Poren der Farne, schmiegten uns in das Moos, und uns in den Fallen der fleischfressenden Pflanzen windend, schien es auf einmal besser zu sein, wenn wir uns ergaben, um zu dunkellila Farben auf ihren Blütenblättern zu werden, welche Farbe die Farbe deiner Bissspuren war; dieses, als wir von einem sonnenbeschienenen, mit Gras bewachsenen Hügel hinunter in ein Dorf blickten, sie bereiteten sich gerade auf ein Fest vor, es war ein großes Kommen und Gehen, sie kochten in riesigen Kesseln das Festtagsabendessen, daneben beizten sie Tierfelle, auf die sie mit dicken Bambusprügeln einschlugen, während andere trommelten, und da beschlossen wir, dass wir auf unsere Weise mit ihnen feiern werden, damit sich dieser heilige Tag in seiner ganzen Herrlichkeit entfalten konnte und für immer in Erinnerung blieb, der Bogen unserer Rücken schmiegte sich an den Bogen des Hangs, und wer gerade die Oberhand hatte in dieser end- und endziellosen Umarmung, dessen Rücken wurde von der Sonne gewärmt, denn die Erfüllung verdichtete sich nicht in einem einzigen Punkt, sondern nahm uns mit, wie ein hartnäckig gehaltener Ton an einem unerwartet und unwiederholbar schönen Klaviernachmittag, womit das matte Publikum, sich nach einem Nickerchen nach dem Mittagessen sehnend, nicht im Geringsten gerechnet hat und bei dem ihr Herz mit jedem Tastenton unruhiger wird, weil sie nicht so vorbereitet sind, wie bei den Starkonzerten am Abend, bei denen schon an der Garderobe klar ist, dass sie in Herz und Mark ergriffen sein werden, und eben deswegen sind sie nicht überrascht, wenn sich das fahrplanmäßig auch einstellt, mehr noch, sie gehen ihm entgegen, sie warten darauf und sehnen sich danach, und als es passiert, nicken sie zufrieden, ja, das ist es, worauf wir gewartet haben, jetzt können wir nach Hause gehen, aber während man einem unbekannten Pianisten zuhört, während mattes nachmittägliches Licht schräg durch die Fenster hereinfällt und sich träge an die Wand gegenüber wirft, manche Details an den vergoldeten Gipsstatuen und dem Stuck hervorhebt, andere in Schatten hüllt, wenn plötzlich eine Tonfolge erklingt, mit der wir nicht im Geringsten gerechnet haben und noch weniger waren wir dafür gewappnet, dann haben wir auf einmal ein Gefühl, als würde man mit einem scharfen Werkzeug in unser ungeschütztes Herz schneiden, und, als wäre das nicht genug, es bleibt auch noch stecken in der Haut, dem Fleisch, den Knochen unseres Brustkorbs, unabreißbar, mehr noch, je mehr wir daran zerren, desto tiefer gerät es, und da ergeben wir uns plötzlich darein, dass das von jetzt an so bleiben wird, das wird ab jetzt sein Platz sein, und wir vertrauen uns ihm an, stützen uns hauchfein darauf, soll es uns nun tragen, wohin es will, sogar hinaus aus diesem Konzertsaal, hinaus in den nachmittäglichen Sonnenschein und hinaus auch aus der Stadt, hinauf auf einen sonnenbeschienenen, fernen Hügel, wo uns der hartnäckig gehaltene Ton in die Nacht hinübernimmt, in den nächsten Morgen und in die folgenden, unzählbaren, uferlosen Zeiten; und ja, dieses damals, als der Begräbniszug an uns vorbeiging, der alte Priester des Dorfes wurde begraben, vorne das Schwanengespann, ein mit geschnitzten, bunten Schwänen geschmückter Leichenwagen, stumm geschoben von den Dorfbewohnern, die festlichen bunten Kopfschmuck trugen, einige standen oben neben dem Sarg, damit er nicht herunterrutschte, ganz vorne, auf dem Ehrenplatz, der älteste Dorfbewohner, ein Männlein, das aussah, als wäre es hundertzwanzig Jahre alt, und das sich mit leberfleckenübersäten dürren Händen zitternd am Sarg festhielt, vor allem um zu verhindern, dass es selbst hinunterrutschte, ins Nichts, und da lösten wir uns von der Wand und reihten uns ein in den Zug, wir begleiteten sie bis an den Rand des Dschungels, wo auf einem von Buschwerk frisch befreiten Platz ein hoher Scheiterhaufen stand, und darauf ein riesiger Stier aus Holz, dessen hinterer Teil offen stand, er war hohl, und durch diese Öffnung schob man den Sarg ins Innere des Stiers, danach die von den Dorfbewohnern herbeigebrachten Erinnerungsstücke, sakrale Gegenstände und Geschenke, und als die Schlange sich auflöste und jeder Trauernde die Wegzehrung für den Toten abgegeben hatte, ertönte irgendwo weiter innen, hinter der Lichtung, im Dschungel, leise Gamelan-Musik, man entzündete feierlich den Stier, und der Stier fing zu brennen an, der Rauch stieg hoch, immer höher über das Grün des Dschungels, und da drang ich langsam, sanft in dich, oder nein, ich glitt vielmehr, eines Drängens bedurfte es nicht, die Säfte, die zwischen deinen Beinen hervorbrachen, schienen nur darauf gewartet zu haben, sie liefen über meine Hand, meinen Arm, und ich ging nur weiter voran, immer weiter hinein, ich spürte keinerlei Widerstand, ich hätte gedacht, irgendwann würde ich mich an irgendetwas stoßen, das mir den weiteren Weg versperrt, aber ich hatte mich geirrt, es kam nicht so, und als nicht mehr nur meine Hand, mein Arm, meine Schulter, mein Kopf, mein Rumpf, meine Möse, sondern auch meine Beine und Füße in dir waren, da fing ich auf einmal zu schwimmen an, ich spürte, ich hatte zurückgefunden zum eigentlichen, zum ursprünglichen Element, ich spürte, ich hatte endlich den geheimen Durchgang gefunden, und ich wusste, wenn mein Atem reicht, wenn ich Glück habe, dann kann ich durch das System von Labyrinthen schwimmen und am anderen Ende hinauftauchen, hinauf zur Sonne, zum Licht, an das andere Ufer, wo sie uns nicht mehr einholen können, wo die hiesigen Gesetze nicht mehr gelten, wo ich frei sein werde und endgültig die Deine.

Ich schritt langsam, zurückhaltend über die Hauptallee des Nachtzoos, denn Laufen oder gar Rennen hätte Aufmerksamkeit erregt, und während ich auf diese Weise in Gedanken durch die einzeln aufblitzenden Berührungserinnerungen ging, streiften die frei gehaltenen Bewohner des Zoos an mir vorbei, das Neunbindengürteltier mit seinem wackelnden Gang, das Halsbandpekari, zwei kleinere Koatis, es kam der Tapir, der sich von den Schienen der Schmalspurbahn und aus seiner finalen Verzweiflung erhoben hatte und nun wieder lebensfähig war, es kamen die gepunkteten Rehe, die Meerkatzen mit ihren langen Schwänzen und ihren Haarkränzen, die neckischen

Gorillawaisen aus dem Rehabilitationszentrum, die Proboscis-Affen mit ihren hängenden Nasen, die Kängurus, die Dachse, die Wüstenspringmäuse, alle kamen, die in dieser Nacht das Gefühl hatten, sie müssten das Ihre dazutun zu dem bald zwischen uns stattfindenden geheimen Akt, die das Gefühl hatten, sie müssten uns durch ihre Anwesenheit ihres Mitgefühls und ihrer Solidarität, ihrer Anteilnahme und ihrer Liebe versichern. Das Großwild, das mit verschiedenen Steilwänden, Gräben, Schluchten ferngehalten wurde, streifte unruhig auf und ab, sie spürten die Spannung in der Luft selbst von Weitem, und die nächtliche Beleuchtung hob dramatisch ihre nervös zitternden Figuren hervor. Die schwüle, dunstige Nacht wurde von Schreien, Jaulen und Grölen erfüllt, begleitet vom permanenten Zirpen der Zikaden. Als würde es bei diesem Stimmengewirr mitmachen wollen, schlug mein Herz immer lauter und heftiger, je näher ich dem Steingarten der Elefanten kam, wo wir unsere Rendezvous abhielten. Es trennte mich nur noch eine elegant in die Allee geschnittene, von seltenen Orchideen gesäumte Kurve von deinem Anblick. Ich war mir sicher, dass du auch diesmal als Erste da sein würdest. Ganz gleich, wie ich durch die Stadt flog, sie durchpflügte, du warst jedes Mal schon von vornherein da. Du wartetest so ruhig und besonnen, als wäre es die Aufgabe deines Lebens, als hättest du nichts Wichtigeres und Bedeutenderes zu tun, als wäre das gar nicht möglich, als würde alles, was du tust, von dieser einen Sache mit wahrem Inhalt gefüllt. Und das stimmte für uns beide. Ich bog von der Allee ab, die Luft blieb in meiner Lunge, meinen Bronchien stecken, und obwohl ich sehen wollte, es gab nichts, das ich mir mehr wünschte, als zu sehen, schloss ich für einen Moment die Augen, damit ich nicht sofort erblickte, was ich sehen wollte, oder damit ich nicht sofort sah, dass das, was ich sehen wollte, nicht dort war. Während ich meine Augen schloss, streifte ein vom Flügelschlag einer Fledermaus entstandener Lufthauch über meine Gesichtshaut. Meine in der Dunkelheit sich weit öffnenden Pupillen empfingen schließlich deinen Anblick, wie ein lange abgerungenes Versprechen. Da standest du, ganz und prachtvoll. Mit graziösen, würdevollen Bewegungen fächeltest du dir Luft zu, aber ansonsten schienst du so frisch, makellos und ruhig, als wäre das dein natürlichster Zustand. Ich sah, dass du dir unwillkürlich mit der rosa Zungenspitze zart über einen Mundwinkel fuhrst, was ein verräterisches Zeichen für hervorsprudelnde Freude bei dir war. Wir waren kaum mehr zehn Meter voneinander und der lavagleich hervorquellenden Erfüllung entfernt. Mein ganzer Körper zitterte so stark, dass ich das Gefühl hatte, die restliche Entfernung nicht mehr bewältigen zu können. Und als sich ein Fuß schließlich doch bereitfand, dem Befehl nachzukommen, einen Schritt zu tun, und ich losging zu dir, spürte ich auf einmal eine Hand auf meine Schulter fallen. *Sie kommen mit,* sagte die Stimme, und schon drehten sie mich um und nahmen mich mit. Vor der mit Orchideen gesäumten Kurve drehte ich mich noch einmal um. Du sahst mir mit traurigen Elefantenaugen nach.

An den Wassern Borneos saßen wir. Wir saßen und lasen. Manchmal gedachten wir Zion. Und außerdem dachten wir: dennoch, du wirst blühen, da dein Herr dich liebt, wer heute dich unterjocht, wird einst huldigen dir.

▸ »Nachtzoo« von Zsófia Bán

Im Garten Gelegentlicher Sommerreisen unbeschadet, bezogen wir eh ich zur Schule ging alljährlich Sommerwohnungen in der Umgebung. An sie erinnerte noch lange an der Wand meines Knabenzimmers der geräumige Kasten mit den Anfängen einer Schmetterlingssammlung, deren älteste Exemplare in dem Garten am Brauhausberge erbeutet waren. Kohlweißlinge mit abgestoßnen Rändern, Zitronenfalter mit zu blanken Flügeln vergegenwärtigten die heißen Jagden, die mich so oft von den gepflegten Gartenwegen fort in eine Wildnis gelockt hatten, in welcher ich ohnmächtig der Verschwörung von Wind und Düften, Laub und Sonne gegenüberstand, die dem Flug der Schmetterlinge gebieten mochten.

Sie flatterten auf eine Blüte zu, sie standen über ihr. Den Kescher angehoben erwartete ich nur noch, daß der Bann, der von der Blüte auf das Flügelpaar zu wirken schien, sein Werk vollendet habe, da entglitt der zarte Leib mit leisen Stößen seitwärts, um genau so reglos eine andere Blüte zu beschatten und genau so plötzlich, ohne sie berührt zu haben, sie zu lassen. Wenn so ein Fuchs oder Ligusterschwärmer, den ich gemächlich hätte überholen können, durch Zögern, Schwanken und Verweilen mich zum Narren machte, dann hätte ich gewünscht, in Licht und Luft mich aufzulösen, nur um ungemerkt der Beute mich zu nähern und sie überwältigen zu können. Und soweit ging der Wunsch mir in Erfüllung, daß jedes Schwingen oder Wiegen der Flügel, in die ich vergafft war, mich selbst anwehte oder überrieselte. Es begann die alte Jägersatzung zwischen uns zu herrschen: je mehr ich selbst in allen Fibern mich dem Tier anschmiegte, je falterhafter ich im Innern wurde, desto mehr nahm dieser Schmetterling in Tun und Lassen die Farbe menschlicher Entschließung an und endlich war es, als ob sein Fang der Preis sei, um den einzig ich meines Menschendaseins wieder habhaft werden könne. Doch wenn es dann vollbracht war, wurde es ein mühevoller Weg, bis ich vom Schauplatz meines Jagdglücks an das Lager vorgedrungen war, wo Äther, Watte, Nadeln mit bunten Köpfen und Pinzetten in der Botanisiertrommel zum Vorschein kamen. Und wie lag das Revier in meinem Rücken! Gräser waren geknickt, Blumen zertreten worden; der Jagende selber hatte als Dreingabe den eignen Körper seinem Kescher nachgeworfen; und über so viel Zerstörung, Plumpheit und Gewalt hielt zitternd und dennoch voller Anmut sich in einer Falte des Netzes der erschrockne Schmetterling. Auf diesem mühevollen Wege ging der Geist des Todgeweihten in den Jäger ein. Die fremde Sprache, in welcher dieser Falter und die Blüten vor seinen Augen sich verständigt hatten – nun hatte er einige Gesetze ihr abgewonnen. Seine Mordlust war geringer, seine Zuversicht um soviel größer geworden.

Die Luft, in der sich dieser Falter damals wiegte, ist heute ganz durchtränkt von einem Wort, das seit Jahrzehnten nie mehr mir zu Ohren noch über meine Lippen gekommen ist. Es hat das Unergründliche bewahrt, womit die Namen der Kindheit dem Erwachsenen entgegentreten. Langes Verschwiegenwordensein hat sie verklärt. So zittert durch die schmetterlingserfüllte Luft das Wort »Brauhausberg«. Auf dem Brauhausberge bei Potsdam hatten wir unsere Sommerwohnung. Aber der Name hat alle Schwere verloren, enthält von einem Brauhaus überhaupt nichts mehr und ist allenfalls ein von Bläue umwitterter Berg, der im Sommer sich aufbaute, um mich und meine Eltern zu behausen. Und darum liegt das Potsdam meiner Kindheit in so blauer Luft, als wären seine Trauermäntel oder Admirale, Tagpfauenaugen und Aurorafalter über eine der schimmernden Emaillen von Limoges verstreut, auf denen die Zinnen und Mauern Jerusalems vom dunkelblauen Grunde sich abheben.

▸ »Schmetterlingsjagd« von Walter Benjamin

Auf der Fähre Die Frau tanzte gut, stellte Max Costa fest. Locker und beherzt. Sie traute sich sogar, ihm bei einem komplizierten Seitschritt zu folgen, den er improvisierte, um ihre Gewandtheit auf die Probe zu stellen, und bei dem eine weniger agile Tänzerin keine so gute Figur gemacht hätte. Sie musste Mitte zwanzig sein. Groß und schlank mit langen Armen, schmalen Handgelenken und endlosen Beinen unter dem feinen, violett changierenden Seidenstoff, der die Schultern und den Rücken bis zur Taille frei ließ. Dank der hochhackigen Schuhe, die das Abendkleid perfekt ergänzten, war ihr Gesicht auf gleicher Höhe mit seinem: ruhig, mit schön gezeichneten Zügen. Das dunkelblonde Haar war leicht gewellt und nach der aktuellen Mode im Nacken kurz geschnitten. Beim Tanzen hielt sie den Blick starr über die Frackschulter ihres Partners gerichtet, auf der ihre Hand mit dem Ehering ruhte. Nachdem er sich ihr mit einer höflichen Verbeugung genähert und sie zu diesem langsamen Walzer, einem sogenannten Boston, aufgefordert hatte, sahen sie sich kein einziges Mal mehr in die Augen. Ihre waren von einem so hellen Honigton, dass sie fast flüssig wirkten, mit ein wenig Wimperntusche betont – nicht mehr als unbedingt nötig, was auch für das Lippenrot galt –, und darüber wölbten sich die zu einer feinen Linie gezupften Brauen. Sie hatte nichts mit den anderen Frauen gemein, mit denen er an diesem Abend getanzt hatte: älteren Frauen mit aufdringlichem Duft nach Veilchen und Patchouli und tollpatschigen Backfischen in hellen, kurzen Kleidchen, die sich bemühten, nicht aus dem Takt zu kommen, und sich dabei vor Anstrengung auf die Lippen bissen, erröteten, wenn er ihnen den Arm um die Taille legte, oder zu klatschen anfingen, wenn ein Boogie-Woogie erklang. Und somit hatte der Eintänzer der Cap Polonio zum ersten Mal an diesem Abend Freude an seiner Arbeit.

Sie sahen sich nicht wieder an, bis der Boston – es war *What I'll Do* – zu Ende war und das Orchester einen Tango, *A media luz,* anstimmte. Für einen Moment hatten sie sich auf der halbleeren Tanzfläche reglos gegenübergestanden, und da sie keine Anstalten machte, an ihren Tisch zurückzukehren – wo mittlerweile ein Herr im Smoking saß, vermutlich ihr Ehemann –, breitete er bei den ersten Tönen die Arme aus, und die Frau nahm sofort wieder ihre Tanzhaltung ein, ebenso unnahbar wie zuvor. Sie legte die linke Hand auf seine Schulter, streckte träge den anderen Arm aus, und sie begannen, sich über die Tanzfläche zu bewegen – zu schweben, dachte Max, das ist der Ausdruck. Die Augen mit der honigfarbenen Iris starrten wieder an ihrem Tanzpartner vorbei und richteten sich nie auf sein Gesicht, obwohl sie sich mit erstaunlicher Präzision führen ließ, im festen, langsamen Rhythmus des Mannes, wobei er dafür sorgte, dass eine respektvolle Distanz gewahrt blieb und der Körperkontakt nicht über das hinausging, was zur Ausführung der Tanzfiguren erforderlich war.

»Ist das für Sie in Ordnung so?«, fragte er nach einer komplizierten Schrittkombination, der sie mit traumwandlerischer Sicherheit gefolgt war.

Endlich bedachte sie ihn mit einem flüchtigen Blick. Möglicherweise sogar mit dem Anflug eines Lächelns, das sofort wieder erstarb.

»Absolut.«

Nachdem der ursprünglich argentinische Tango die Bars der Pariser Halbwelt erobert hatte, machte er seit einigen Jahren auf beiden Seiten des Atlantiks Furore. Darum füllte sich die Tanzfläche bald mit Paaren, die sich mehr oder weniger anmutig über das Parkett schoben, sich aufeinander zu und voneinander weg bewegten, was je nach Begabung und Übung korrekt bis grotesk wirkte. Max' Partnerin jedoch begleitete ihn gekonnt bei den schwierigsten Schritten, passte sich den klassischen, vorhersehbaren Figuren ebenso an wie solchen, die er, seiner Tänzerin immer mehr zutrauend, zwischendurch improvisierte, stets in seinem eigentümlich schnörkellosen, verhaltenen Stil, aber gespickt mit *cortes* und neckischen Seitschritten, die sie mühelos parierte, ohne aus dem Takt zu geraten. Auch sie schien Freude an der Bewegung und der

Musik zu haben, sie schenkte Max jetzt öfter ein Lächeln.

Während sie über das Parkett glitten, studierte er ihren Mann mit dem ruhigen Auge eines erfahrenen Jägers. Darin war er geübt: Ehegatten, Väter, Brüder, Söhne, Liebhaber der Frauen, mit denen er tanzte, einzuschätzen. Männer, die ihre Frauen mit Stolz, Herablassung, Langeweile, Schicksalsergebenheit oder anderen ähnlich männlichen Gefühlen begleiteten. Es verbarg sich viel nützliche Information in Krawattennadeln, Uhrketten, Zigarettenetuis und Ringen, dem Umfang der vor dem Kellner halb geöffneten Brieftaschen, in Qualität und Schnitt eines Sakkos, der Bügelfalte einer Hose oder dem Glanz der Schuhe. Selbst in der Art des Krawattenknotens. Alles das ergab den Fundus, aus dem Max Costa im Takt der Musik seine Methoden und Pläne schöpfte, um, prosaischer ausgedrückt, vom Salontanz zu lukrativeren Tätigkeiten überzugehen.

Als das Stück zu Ende war, geleitete Max seine Partnerin zu ihrem Tisch und warf aus nächster nähe einen letzten Blick auf ihren Gatten: elegant, selbstsicher, Anfang vierzig. Kein schöner Mann, aber von angenehmem Äußeren mit seinem feinen, distinguierten Oberlippenbart, dem gelockten, leicht ergrauten Haar, dem wachen, intelligenten Ausdruck der Augen, denen, wie Max sehr wohl bemerkt hatte, nichts von dem entging, was sich auf der Tanzfläche abspielte. Max hatte vom Maître erfahren, dass es sich um den spanischen Komponisten Armando de Troeye und seine Gattin handelte: exklusive Suite in der ersten Klasse und der Tisch neben dem des Kapitäns im großen Speisesaal, was an Bord der Cap Polonio viel Geld oder eine herausragende gesellschaftliche Stellung und meistens beides zugleich bedeutete.

»Es war mir ein Vergnügen, Señora. Sie tanzen wundervoll.«

»Danke.«

Er verabschiedete sich mit einer kleinen, fast militärischen Verbeugung, einer Geste, die Frauen zu gefallen pflegte, wie auch die Unbefangenheit, mit der er ihre Finger an die Lippen führte, und sie erwiderte den Gruß mit einem knappen, kühlen Nicken, bevor sie auf dem Stuhl Platz nahm, den ihr Gatte, der dazu aufgestanden war, für sie zurechtrückte. Max wandte sich ab, strich erst rechts, dann links sein glänzendes, mit Brillantine zurückgekämmtes schwarzes Haar an den Schläfen glatt und entfernte sich entlang der Tanzfläche. Um seine Lippen spielte ein feines Lächeln, und obwohl er niemanden ansah, spürte er das weibliche interesse, das seinen Einszweiundachtzig in dem makellosen Galaanzug – in den er seine letzten Ersparnisse investiert hatte, bevor er mit einem Arbeitsvertrag für die einfache Fahrt nach Buenos Aires an Bord gegangen war – von den Tischen zuteilwurde, die die Passagiere allmählich verließen, um sich in den Speisesaal zu begeben. Die Hälfte des Salons verabscheut mich jetzt, dachte er, teils resigniert, teils belustigt. Die andere Hälfte sind Frauen.

▸ Aus *Dreimal im Leben* von Arturo Pérez-Reverte

Am Fluss Leticia. Eine schlammige Böschung fällt ab zum Fluß. Menschen, Schweine, Hunde, alles wuselt durcheinander. Unten am Ufer die schmalen Boote mit Ruderern, die einen hinüberbringen zur kleinen Insel Fantasia. Hinter mir der Markt, die Früchte, die Fische. Jemand hilft mir den rutschigen Hang hinunter zum Steg, an dem Motorboote liegen. Die anderen sind bereits da. Drei Kolumbianer aus Cali, zwei Niederländer. Zwei Männer, die uns fahren werden, hundert Kilometer stromaufwärts. Einer hockt vorn am Bug, ich sitze neben dem anderen, der steuert. Sobald wir den Hafen hinter uns gelassen haben, scheint es, als öffne sich der Fluß, ein Panorama aus metallisch glänzendem Wasser zwischen flachen Ufern, die immer weiter auseinanderrücken.

Das kleine Boot durchschneidet das Wasser, das gellende Geräusch des Motors paßt nicht zu der unermeßlichen Stille, die mitten auf dem breiten Fluß herrschen muß. Wir machen halt beim Naturpark Amacayacu, ein eigens angelegter Pfad durch den Regenwald, Bretterstege, wo es zu sumpfig ist, orgiastische Glut von tausenderlei Grüntönen, Blätter aus falschen Träumen, Messer, gezackt und geschliffen, ein Teich mit modrigen Wasserpflanzen unter einem immer dunkler werdenden Himmel, in der Ferne das Grollen eines großen Gewitters. Ein Affe mit geschminktem Gesicht setzt sich neben mich und sieht mich an, als wolle er ein Gespräch über Gottesbeweise beginnen, doch dann kommt der Regen, der nicht fällt, sondern steht, eine graue, kaum durchsichtige Wasserwand, sobald er aufgehört hat, beginnt die Erde zu dampfen, als würde der Schlamm gekocht, das Licht wird jetzt aus Zink und Eisen gemacht, als wir weiterfahren, schmerzt es in den Augen. Wir werden rosafarbene Delphine sehen, die neben uns her tanzen, und Wolken, die in einem fort ihre Gestalt ändern, Tausende von Kilometern lang ist der Fluß, ich würde am liebsten weiterfahren bis nach Iquitos und noch weiter bis zu den Anden, das Motorgeräusch ist betäubend, wir begegnen so gut wie niemandem, nur hin und wieder einem dieser flachen Boote mit den schmalen Gestalten von Indios, stundenlang dieselben Ufer, Grün, Grün, mit den Rätseln des Lebens, das sich darin abspielt in einer Welt ohne Straßen und Autos, bis wir nach Stunden umkehren und mit der Strömung zur Insel Santa Rosa in Peru zurückfahren. Der Boden ist schlammig, Bäume mit ineinander verwachsenen Luftwurzeln, ein Stück weiter ein kahler Baum voller Geier, Holzhäuser auf Pfählen, eine Gruppe Frauen in einem Halbkreis. Es sind ungefähr zehn, und jede Frau hält ein Tier in den Armen. Ein Faultier, einen Papagei, einen Alligator, ein junges Krokodil, eine Wasserschildkröte, einen Leguan, einen Riesenfrosch. Das Ganze ist eindeutig arrangiert, die Frauen verrichten hier ihre Arbeit, später wird der Bootsführer uns um eine Spende bitten. Seitlich von den Frauen sitzt der einzige Mann. Er hält an einem Strick eine Art kleinwüchsigen Jaguar, der zu fauchen beginnt, sobald ich näher komme. Unsere kleine Gruppe steht vor den Frauen und sieht sich die Tiere an, eine absurde Szene, die Königin auf Arbeitsbesuch. Die Frauen sind von unterschiedlichem Alter, sie tragen T-Shirts und kurze Hosen. Was sie denken, läßt sich von ihren Gesichtern nicht ablesen. Von den unsrigen auch nicht, denke ich, ein Krokodil streichelt man nicht, das Faultier scheint tief zu schlafen, die Schildkröte ist zweihundert Jahre alt und weiß ohnehin alles. Ich entferne mich von der Gruppe über ein sandiges Feld, an dem ein Holzgebäude in Rosa und Hellgrün steht, Asamblea Tradicional de Dios, Iglesia Evangélica. Die Götter sind nie fern. Ich steige die wacklige Treppe hoch und betrete einen großen, leeren Raum. Vorne eine Art Altar mit einem Bibelpult, dahinter fünf grellgrüne Plastikstühle, davor sechs schmale Holzbänke ohne Lehnen. Licht fällt durch Spalten und Ritzen in den Holzwänden herein. Es ist friedlich und still. Wo viel gebetet wird, waltet das Göttliche, hat der Philosoph gesagt, der selbst nicht an Gott glaubte. Ich stehe dort kurze Zeit in dieser Stille und höre dann, wie der Motor des Bootes anspringt. Als wir wegfahren, sehe ich die Gruppe noch, die rasch kleiner wird und schließlich im fernen Grün des Ufers verschwindet, als würde eine Zeichnung gelöscht, ein Dorf auf einer Insel im Fluß an der Grenze zwischen Peru, Kolumbien und Brasilien, unendlich weit entfernt von der Hauptstadt Lima, in der keiner weiß, wie es heißt.

▸ »Fluss« von Cees Nooteboom

Im Zug Mein Bruder Walter hat eine Depression. Meine Frau und ich schauen jeden Abend nach der Arbeit bei ihm vorbei. Wir kaufen etwas zu essen – ganz besonders mag er Hühnchen mit Pommes frites –, und gegen neun klingeln wir bei ihm. Durch die Sprechanlage fragt er: »Wer ist da?« Darauf sagt meine Frau: »Wir!« Und er sagt »Ah ...« und lässt uns herein.

Ein Dutzend Leute rufen ihn jeden Tag an und fragen, wie es ihm geht. Er hebt mit Mühe den Hörer ab, als wäre er tonnenschwer, und sagt:

»Ja?«

Und die Leute reden drauflos, als nähre mein Bruder sich von Blödsinn. Wenn ich ihn frage, wer das ist oder was sie wollen, weiß er nichts zu sagen. Es interessiert ihn nicht im geringsten. Er ist so depressiv, dass ihn nicht einmal unsere Gegenwart stört, weil wir für ihn gar nicht da sind.

Manchmal nehmen meine Mutter und Tante Claris ihn samstags mit zu irgendwelchen Festen in gemieteten Sälen, und dort sitzt Walter dann inmitten von vierzigsten Geburtstagen, Junggesellenabschieden und frisch Verheirateten. Tante Claris, die jeder noch so banalen Angelegenheit ihre esoterische Seite abgewinnt, sagt, je depressiver Walter sei, desto glücklicher fühlten sich die Leute in seiner Nähe.

Was nun wirklich Blödsinn ist. Aber es stimmt, dass sich seit einigen Monaten in unserer Familie alles zum Besseren wendet. Meine Schwester hat endlich Galdós geheiratet, und auf der Hochzeitsfeier hat meine Mutter am Tisch meines Bruders in einer Gruppe von Gästen, die Champagner tranken und Tränen lachten, Señor Kito kennengelernt, mit dem sie inzwischen zusammenlebt. Señor Kito hat Krebs, aber er ist ein Mensch voller Lebensfreude. Er ist immer gut aufgelegt und zuvorkommend mit meiner Mutter. Ihm gehört eine Müslifirma, und er ist ein Kinderfreund von Tante Claris. Galdós und meine Schwester haben einen Bauernhof gekauft, weit weg von der Stadt, und langsam wird es zur Gewohnheit, dass wir uns dort an den Wochenenden zusammenfinden. Samstagmorgens holen meine Frau und ich Walter ab, und mittags sind wir schon alle auf dem Hof und stehen um den Grill, mit einem Glas Wein und diesem immensen Glücksgefühl, das sonnige Tage im Freien hervorrufen.

Nur an einem Wochenende haben wir bislang gefehlt, weil Walter Grippe hatte und sich weigerte, ins Auto zu steigen. Ich fühlte mich verpflichtet, den anderen Bescheid zu geben, dass er nicht käme, worauf sich alle gegenseitig anriefen, um abzuwägen, ob es lohne, sich ohne ihn zu treffen, und zu dem Zeitpunkt, an dem Galdós anfängt, das Fleisch zu servieren, hatten schon alle den Ausflug abgesagt.

Inzwischen ist Tante Claris mit dem Verwalter des

Hofes liiert, und unsere ganze Familie besteht aus Pärchen, bis auf Walter natürlich. Neben dem Grill steht ein Stuhl, den er an unserem ersten Tag auf dem Hof für sich auserkoren hat und von dem er sich nicht fortrührt. Vielleicht mag er ihn, weil er im Schatten ist. Wir versuchen, uns in der Nähe aufzuhalten, um ihn aufzumuntern oder ihm Gesellschaft zu leisten. Wir bemühen uns, über mehr oder weniger oberflächliche Dinge zu sprechen, immer voller Optimismus. Meine Schwester und meine Frau, die sich wunderbar verstehen, fassen die Neuigkeiten der Woche zusammen. Und immer gibt es Gelegenheit, Kito zu den ermutigenden Ergebnissen seiner Krebsbehandlung zu beglückwünschen, Galdós zu der wachsenden Rentabilität des Hofes und meine Mutter schlicht und einfach, weil wir sie wunderbar finden. Aber die Zeit vergeht, und an Walters Depression ändert sich nichts. Sein Gesichtsausdruck ist entsetzlich, immer trauriger. Galdós hat einen bekannten Landarzt auf den Hof geholt, der sich sofort für Walters Fall interessiert. Er bittet um einen Stuhl und setzt sich vor ihn. Er bittet darum, allein mit ihm gelassen zu werden, und wir ziehen uns eine Weile zurück. Wir warten auf der Veranda vor dem Haus und tun, als unterhielten wir uns ganz normal, unsere Aperitifgläser in der Hand, bis der Arzt aus dem Schatten tritt. Er wirkt guten Mutes, seiner selbst sicher. Ich sage ihm, wie jung und ausgesprochen gut er aussieht, und er erwidert das Kompliment. Er sagt,

Walter brauche Zeit, aber er ist zuversichtlich. Der Arzt gefällt uns. Unter der Woche konsultieren wir ihn telefonisch, und wir sind uns alle einig, dass er ein prima Kerl ist, deshalb laden wir ihn öfter auf den Hof ein, um Walters Behandlung zu fördern. Er stellt uns nichts in Rechnung. Seine Frau kommt auch mit, unterhält sich mit meiner Frau und meiner Schwester, und sie verabreden sich für unter der Woche in der Stadt, um ins Kino oder Theater zu gehen. Unterdessen kommt es zwischen dem Landarzt, Kito und Galdós, die angeregte Gespräche rings um Walter führen, rauchen und sich Unsinn erzählen, um ihn ein wenig zu animieren, zu einer großen geschäftlichen Unterredung, und sie gründen gemeinsam eine neue Müslimarke, die Kitos Firmennamen trägt, aber von Galdós' Hof kommt, mit einer gesünderen Rezeptur, an der der Arzt mehrere Wochen lang gefeilt hat. Ich bin an dem Projekt beteiligt und muss fast täglich auf den Hof, so dass wir, als meine Frau schwanger wird, ebenfalls dorthin ziehen, und wir nehmen Walter mit, der sich zu diesen Veränderungen praktisch nicht äußert. Es ist eine Erleichterung, ihn hier bei uns zu haben, auf seinem Stuhl sitzen zu sehen, ihn in der Nähe zu wissen.

Das neue Müsli verkauft sich gut, und auf dem Hof tummeln sich Angestellte und Großhändler. Die Leute sind nett. Alle scheinen es prima zu finden, wie wir die Dinge angehen und die Preise festlegen. Sie haben Vertrauen in das Projekt. Wir werden von einer positiven Energie vorangetrieben, die nach wie vor an den Wochenenden zu ihrem Höhepunkt kommt, wenn Galdós' Grillfleisch auf dem Rost zu bräunen beginnt und wir in immer größerer Zahl mit unseren Gläsern in der Hand ungeduldig darauf warten. Wir machen unsere Sache gut. Und wir sind inzwischen so viele, dass Walter kaum eine Sekunde allein bleibt. Es erleichtert uns, zu wissen, dass sich immer irgendjemand um ihn bemüht. Sich um den Stuhl reißt, den der Arzt neben ihm im Schatten stehen gelassen hat, und die Verantwortung übernimmt, ihn aufzuheitern, ihm gute Neuigkeiten zu erzählen, ihm zu zeigen, wie glücklich jeder von uns sein kann, wenn er sich nur wirklich darum bemüht.

Das Unternehmen wächst. Kito hat seinen Krebs schließlich besiegt, und mein Sohn wird zwei Jahre alt. Wenn ich ihn in Walters Obhut lasse, strahlt und klatscht er und sagt: »Froh, so froh.« Tante Claris geht mit dem Verwalter auf Reisen. Zwei Monate sind sie rings ums europäische Mittelmeer unterwegs. Als sie zurückkommen, fühlen sie sich meiner Schwester und Galdós sehr nahe, die gerade an der mexikanischen Küste waren, und ganze Nachmittage lang zeigen sie sich gegenseitig ihre Urlaubsfotos. Manchmal gehen sie ins Casino, und immer gewinnen sie viel Geld. So laufen die Dinge bei uns. Der Geschäftsführer berät sie, und sie gründen mit dem Geld eine Gesellschaft und kaufen die Müslifirmen der Konkurrenz auf. Zu Neujahr lädt das Unternehmen fast das ganze Dorf ein, das den Hof umgibt – denn inzwischen arbeiten praktisch alle bei uns –, dazu die Großeinkäufer, Freunde und Nachbarn. Gegrillt wird abends. Niemand muss etwas mitbringen, hier gibt es alles. Eine Band spielt live diesen Jazz aus den dreißiger Jahren, bei dem keiner still sitzen bleiben kann. Die Kinder wickeln mit den Girlanden Stühle und Tische ein, lachen sich über alles schief.

Seit einiger Zeit nehme ich meinen Bruder immer wieder zur Seite oder nütze einen ruhigen Moment, um ihn zu fragen, was mit ihm los ist. Er verharrt in seinem Schweigen, weicht aber mechanisch meinem Blick aus. Ich denke, dass es schwierig ist, ihn ausgerechnet jetzt zu fragen, denn es ist schon Mitternacht, und zum Anstoßen zünden wir Feuerwerkskörper, von denen, die den ganzen Himmel erleuchten, und die Leute schreien und klatschen und rufen nach mehr. Ich sehe Walter auf seinem Stuhl sitzen, Walters Rücken, und mein Sohn läuft an ihm vorbei, seine Girlande hinter sich herschleifend. Dann verliert er sie, sie fällt ihm aus der Hand. Er merkt es gleich und dreht sich nach ihr um. Da geschieht noch etwas: Walter beugt sich zum Boden hinab und hebt sie auf. Seine Bewegung hat etwas Sonderbares, Lähmendes, verschlägt mir die Sprache. Walter blickt auf die Girlande, und einen Augenblick lang kommt mir alles konfus vor. Grau. Nur einen Augenblick, denn gleich darauf nimmt mein Sohn sie ihm weg und läuft zu seiner Mutter zurück. Doch mir zittern die

Knie. Ich spüre geradezu, dass wir alle sterben könnten, alle, aus irgendeinem Grund, und die Frage lässt mich nicht los, was mit Walter ist, was wohl so unglaublich schrecklich ist.

▸ »Mein Bruder Walter« von Samanta Schweblin

Im Museum Über dem Waschbecken hing ein Spiegel, der zugleich Schränkchen war und Aufbewahrungsort für das Rasierzeug, das er seit über einem Jahr nicht angerührt hatte. Das Licht fiel jäh durch das nach Osten ausgerichtete Fenster, weshalb im Spiegel nur seine linke Wange deutlich zu erkennen war. Von der Decke hing trist eine gelbliche Glühbirne, die tat, was sie konnte, aber an einem Morgen wie diesem war das, was sie konnte, recht wenig. Er tauchte die Borsten des Pinsels in das lauwarme Wasser und musste an seinen Vater denken. Nicht an den Tag, als der ihm den Unterschied zwischen Ross- und Dachshaarpinsel erklärt hatte, während er sich das Gesicht mit Rasierschaum einseifte, sondern an jenen, als er den Sohn ins Kunsthistorische Museum von Wien mitnahm und ihm die Bruegel-Gemälde zeigte:

In einem der Ausstellungsräume stand in der Mitte eine lange Bank, und unter dem Vorwand, kurz die Beine ausruhen zu wollen, hatte der Vater sich dort mit ihm niedergelassen. Draußen schneite es noch immer, und vermutlich gab es auf der ganzen Welt keinen anderen Ort, wo man einer bestimmten Vorstellung von Glück so nahegekommen wäre.

Da begann der Vater zu reden. Er erzählte, dass er, als er das erste Mal länger in Wien gelebt habe, jeden

Freitag vor dem Mittagessen in dieses Museum gekommen sei. Erstens, weil es der einzige Ort in der Nähe der Oper gewesen sei, wo man absolute Ruhe fand. Ohne Betrunkene, die Goethe rezitierten, oder Soprane, die versuchten, das hohe B zu treffen. Zweitens, weil man niemandem begegnete, jedenfalls nicht aus dem Bekanntenkreis. Und drittens, weil er sich in die Gemälde von Bruegel verliebt hatte.

Doch an einem dieser Freitage erblickte er, als er den Raum betrat, eine Frau, die soeben eine weiße Leinwand auf eine riesige, mit Rädern versehene Staffelei aufgezogen hatte.

»Vor diesem Bild da«, sagte der Vater und zeigte darauf. Es war ein Bild, dessen größte Schwierigkeit für den Betrachter, zumindest beim ersten Mal, zumindest für einen Südeuropäer und noch dazu für einen in Vila Viçosa geborenen, darin lag, entscheiden zu müssen, wo er hinsah oder wo er bei diesen vielen abgebildeten, scheinbar unzusammenhängenden Situationen zu sehen anfing. Natürlich konnte man auch nur eine Gesamtidee bei der Betrachtung suchen, den sogenannten plastischen Effekt. Doch dann hätte man sicherlich ein Werk ohne jede Bedeutung oder, noch bedauerlicher, ein Werk ohne jeglichen erzählbaren Inhalt vor sich gehabt.

Die Frau hatte ihre Staffelei ungefähr vier Meter von dem Bild entfernt aufgestellt, und zwar so, dass die weiße Leinwand einen Winkel von etwas mehr als neunzig Grad zu dem Gemälde bildete. So entsprach sie wohl grob den Proportionen des Gemäldes. Die Frau saß auf einem hohen Hocker mit niedriger Rückenlehne und zeichnete mit der rechten Hand nicht erkennbare Kohlestriche auf die Leinwand. Das Haar fiel ihr über die Schultern.

Plötzlich ergriff die Frau zwei Holzkrücken, die ihr bis zu den Achseln reichten und oben mit einem Samtpolster versehen waren, und stützte sich damit ab. Sie sprang auf den Boden und trat an das Bild heran, vielleicht um ein Detail besser erkennen zu können.

Da bemerkte der Vater, dass ihr ein Stück des linken Beins fehlte, als wäre es knapp unterhalb des Knies amputiert worden. Als die Frau sich umdrehte, um an die weiße Leinwand zurückzukehren, huschte der Vater wie ein verschrecktes Tier hinaus in den Flur, in der Überzeugung, nicht bemerkt worden zu sein.

Damals, ein paar Jahre nach dem Ersten Weltkrieg, sah man auf Wiens Straßen zahlreiche verkrüppelte ehemalige Soldaten. Den einen fehlten die Arme. Den anderen die Beine. Andere wiederum hatten nur eine Hand oder ein Auge. Und wegen dieser ganzen Klientel aus den Schützengräben florierte das Geschäft mit den Prothesen. Es gab Prothesen für jede Eventualität und jeden Geschmack. Von Prothesen mit rein ästhetischen bis zu solchen mit komplexen ergonomischen Funktionen.

In der folgenden Woche brachte der Vater seine

ganze Freizeit damit zu, nach der passenden Lösung für jene Frau zu suchen, die sich vor dem Bruegel-Bild postiert hatte. Er beobachtete Passanten, die stolz ihre Prothesen zur Schau trugen. Überfiel sie mit Fragen. Bat sie um Kontakte. Um Adressen. Suchte Fachgeschäfte auf. Holte Expertenmeinungen ein. Bat um Kostenvoranschläge. Und kam zu dem Schluss, dass die Frau höchstwahrscheinlich deshalb an zwei Krücken herumlief, weil sie sich keine Prothese leisten konnte, die es ihr ermöglicht hätte, nur mit Hilfe eines einfachen Stocks zu gehen.

Am nächsten Freitag stand die Staffelei an derselben Stelle, doch die Leinwand war mit einem großen weißen Laken verhüllt. Die Präsenz dieses gut zwei Meter in die Höhe ragenden Gespensts verstärkte nicht nur die Sehnsucht des Vaters, die Frau wiederzutreffen, sondern verhinderte auch, dass er die Bruegel-Bilder in Ruhe genießen konnte. Selbst die Stille erschien ihm unerträglich.

Er machte sich in den angrenzenden Räumen auf die Suche, bei den Malern der italienischen Renaissance, bei denen des Barocks, bei den Spaniern, den Deutschen. Er durchquerte endlose Flure. Stieg Treppen hoch und runter. Gab es auf. Kehrte zu der Staffelei zurück. War versucht, unter das Laken zu spähen. Ging gefährlich nah heran. Fast hätte er die Hand ausgestreckt. Doch dann fehlte ihm der Mut.

Verzweifelt verließ er das Museum und tröstete sich mit der Hoffnung, dass die Frau eines der schwierigsten Bruegel-Bilder im Maßstab eins zu eins kopierte. Denn das wäre sicherlich ein Unterfangen von mehreren weiteren Wochen.

Der nächste Freitag zeigte sich unerwartet frühlingshaft. Als es elf Uhr wurde, machte er sich wie üblich auf den Weg ins Museum. Doch die Kraft, die ihn nun über die Bürgersteige rennen, in gefährlichen Diagonalen verkehrsreiche Straßen überqueren und zwei bis drei Treppenstufen auf einmal nehmen ließ, entsprang bereits nicht mehr seinem inneren Wunsch, allein zu sein mit den Werken des flämischen Malers. Der wahre Grund stand dort, endlich, vor ihm: eine verstümmelte Frau vor einer Leinwand.

Ehe er eintrat, atmete er tief durch, zupfte das Jackett zurecht und kämmte sich. Er wollte wie ein zufälliger Besucher wirken. Wie ein wohlhabender Tourist aus Südeuropa. Ein Intellektueller. Ein politischer Flüchtling. Ein Monarchist. Ein Anarchist. Wie jemand, der einer verkrüppelten Frau vor einer Leinwand ebenbürtig war. Er versuchte, so leise wie möglich aufzutreten. Schritt langsam die Wände des Saals ab. So langsam, wie es ging. Täuschte vor jedem dieser Bilder an den granatroten Wänden eine Aufmerksamkeit vor, die er ihnen in Wirklichkeit gar nicht schenkte.

Er entwickelte Strategien der Selbstbeherrschung: Auf einem der Bilder zählte er die Hunde, auf einem anderen die Fenster, auf dem folgenden die Bäume, und an jedem Baum die Äste, die aus dem Hauptstamm wuchsen, dann die Kühe, die rot gekleideten Menschen und von den rot gekleideten Menschen zählte er die, die zu Fuß unterwegs waren, und die, die auf Pferden ritten. Er fand es merkwürdig, dass es die gleiche Anzahl war, und er zählte erneut, mit dem gleichen Ergebnis. Endlich stand er Seite an Seite mit der Frau, und obgleich sie einander wegen der riesigen Leinwand nicht sehen konnten, spürte er doch ihre Präsenz. Stark sogar: den Geruch der Farben, die Bewegung der Pinsel, ihr Atmen, ihren Körper.

Er begann sie mit größter Vorsicht zu umrunden, bis er für einen kurzen Augenblick ihr Gesicht sehen konnte. Danach blieb er erneut stehen, nunmehr in ihrem Rücken, gab vor, das Bruegel-Bild zu betrachten: das Original. In Wirklichkeit interessierte ihn jedoch ihre Leinwand. Und was er darauf sah, hätte ihn nicht mehr erstaunen können. Es war größtenteils noch immer bloß eine Kohleskizze. Die ersten farbigen Pinselstriche waren ganz frisch, und doch war deutlich zu erkennen, dass die Frau nicht beabsichtigte, das Bruegel-Gemälde zu kopieren. Sie malte vielmehr einen winzigen Bildausschnitt ab. Und dieser winzige Ausschnitt, der dadurch eine brutale Vergrößerung erfuhr, stellte eine Frauengestalt auf zwei Krücken dar, deren rechtes Bein knapp unterhalb des Knies in einem Verband endete.

Der Vater erstarrte, als er das sah. Dennoch besaß

er die Kaltblütigkeit, die Gestalt auf dem Bruegel-Bild zu suchen. Und er fand sie auf Anhieb, selbst aus der Entfernung. Stundenlang hatte er das Bild bereits betrachtet, und nie hatte er sie wahrgenommen. Nun kam sie ihm wie das Zentrum des Ganzen vor. Nicht das Mädchen, das Wasser aus einem Brunnen trank, wie er zuvor gedacht hatte. Und auch nicht der Dicke auf dem Weinfass in dem blauen Pullover und mit der blauen Mütze. Und nicht dieses Wesen aus einer anderen Welt auf einem an zwei Stricken gezogenen Wägelchen. Und nicht die Kinder, die mit dem Kreisel spielten. Und nicht die Frau hoch oben auf einer Leiter. Und auch nicht die am Feuer. Und nicht der Mann, der aussah, als wollte er sich aus dem Fenster stürzen. Und nicht die Bettler mit ihren ausgestreckten Händen. Und nicht die Prozession, die aus dem Seitenportal der Kirche kam. Und nicht der Mann mit dem Dudelsack. Oder der andere, der einen großen Sack auf dem Rücken trug. Und nicht die Leute, die sich an den Händen hielten und im Kreis herum tanzten. Und nicht der dickbäuchige Gitarrenspieler mit dem Kochtopf auf dem Kopf. Und nicht die beiden riesigen Fische in dem Korb. Und nicht die Kinder mit in die Luft geworfenen Armen. Und nicht die Gruppe Maskierter. Und nicht die Nonnen. Und auch nicht das Spanferkel an dem Spieß, den der dicke Mann mit blauem Pullover und Mütze in der Hand hielt. Und nicht das Schwein hinter dem Brunnen. Und nicht der Fischstand. Und nicht der Mann, der einen Eimer Wasser aus dem Fenster kippte. Und nicht die beiden Bäume. Nein. Zentrum des Ganzen war diese Frau mit dem blauen Kopftuch, die sich auf ihre Krücken stützte. Dort, in dieser Gestalt, lagen der Anfang und das Ende.

Er warf einen letzten Blick auf die Leinwand, auf die blonden Haare, die der Frau über die Schultern fielen, und setzte, Interesse für die übrigen Gemälde an den hohen granatroten Wänden vortäuschend, seinen Rundgang des zufälligen Besuchers, des wohlhabenden Touristen aus Südeuropa, des Intellektuellen, des politischen Flüchtlings, des Monarchisten, des Anarchisten fort. Als machte sein Herz keine heftigen Sprünge. Als hätte er nicht das dringende Bedürfnis nach frischer Luft. Als stünden ihm nicht die Tränen in den Augen. Als gäbe es keinen langen Flur, der ihn von der Straße trennte. Als ginge alles in seinem Leben ganz normal weiter.

In der darauffolgenden Woche dachte er mehrmals daran, seinen Besuch im Museum vorzuziehen. Am Dienstag und am Donnerstag stieg er sogar bereits die Treppe zum Haupteingang hoch. Doch beide Male machte er wieder kehrt.

Am Freitag wachte er fieberglühend auf, das Quecksilber des Thermometers stieg etwas über die 39-Grad-Marke. Doch nicht einmal die noch sehr lebendige Erinnerung an die Spanische Grippe, der in knapp drei Monaten seine Mutter, zwei seiner Brüder, ein Cousin und vier Freunde zum Opfer gefallen waren, hielt ihn im Bett. Eingemummelt in zwei Paar lange Unterhosen, eine Hose, ein baumwollenes Unterhemd, ein Flanellhemd, einen Wollpullover, ein Wolljackett, einen Wollmantel, einen Wollschal, ein Paar Wollhandschuhe, eine Wollmütze und ein Paar Wildlederstiefel, verließ er das Haus, wild entschlossen, sich nicht mehr in feiges Schweigen oder niedere Täuschung und Verstellung zu flüchten. Er verließ das Haus in der festen Absicht, der Frau ein Angebot zu unterbreiten.

Und das tat er. Er stürmte in den Saal, wo sich noch immer alles an seinem angestammten Platz befand: das Bruegel-Bild, die Staffelei, die Leinwand, die beiden am Hocker lehnenden Krücken; und ohne sich zu vergewissern, ob die Frau ihn überhaupt wahrgenommen hatte, sagte er ihr, dass er ihr Bild kaufen wolle. Und bereit sei zu bezahlen, was immer sie verlange.

Die Frau arbeitete weiter, als hätte sie ihn nicht gehört, und der Vater wandte sich, auf die Antwort oder wenigstens eine Reaktion wartend, dem Bild zu. Und wieder hatte er eine Erscheinung: Das Gesicht der gemalten Frau war das Gesicht der Malerin. Es war ein Selbstbildnis. Sie hatte in dem Bruegel-Bild keine Leidensgenossin gefunden. Keine Zwillingsseele. Sie hatte sich selbst gefunden. Oder ihr Spiegelbild, denn das verkrüppelte Bein war in dem einen Fall das linke und in dem anderen das rechte.

Die Frau fragte ihn, ohne in ihrem Tun innezuhalten, ob dieser Vorschlag einem echten künstlerischen Interesse entspringe oder eher einer barmherzigen Seele.

Er versuchte, so ehrlich wie möglich zu sein, und antwortete, dass er das nicht wisse. Er wisse nur, dass er sie seit dem Tag, als er sie erstmals dort habe malen sehen, nicht mehr vergessen könne. Und deswegen sei er sogar trotz seines hohen Fiebers hergekommen. Außerdem könne er sich eine Zukunft ohne dieses Bild nicht mehr vorstellen.

Die Frau sagte, es würde erst in einer Woche fertig werden. Dann könnten sie verhandeln. Zufrieden fragte der Vater, ob er noch ein paar Minuten dort verweilen und ihr beim Malen zusehen dürfe. Sie erlaubte es.

Und er blieb. An ihrer Seite. Auf jede ihrer Bewegungen achtend. Auf jeden Pinselstrich. Auf jedes Zaudern. Er untersuchte jedes einzelne Detail. Verglich jedes Detail mit dem Bruegel'schen Original. Verglich jedes Detail mit dem Gesicht der Frau. Nahm Unterschiede und Ähnlichkeiten wahr. Versuchte herauszufinden, wo diese Unterschiede und Ähnlichkeiten begannen und wo sie endeten. Denn das echte Gesicht der Frau war ganz anders als das echte Gesicht der Bruegel'schen Frau. Doch das Gesicht auf dem Bild der Frau ähnelte auf wundersame Weise beiden.

Am nächsten Freitag um Punkt zwölf Uhr war der

Bruegel-Saal leer: keine Staffelei, keine Leinwand, kein Hocker, keine Krücken, nichts, was an die zeitweilige Anwesenheit der geheimnisvollen Malerin erinnert hätte.

Der Vater verspürte einen Stich im Herzen und rannte hinaus auf den Flur. Er befragte sämtliche Angestellten. Sämtliche Polizisten auf der Straße. Sämtliche Kellner in den Kaffeehäusern. Fragte in den Restaurants, den Kiosken, den Apotheken. Fragte die Trambahnfahrer. Die fliegenden Händler. Die Galeristen der Stadt Wien. Ärzte. Rechtsanwälte. Musiker.

Einige hatten sie gesehen, wussten nur nicht mehr, wann und wo. Andere behaupteten steif und fest, die Frau, die der Vater suche, sei keine Frau, sondern ein Mann. Ein Juwelier sagte ihm sogar, die Frau sei längst verstorben, sei überfahren worden. Doch die meisten wussten nicht, um wen es sich handelte. Die Frau war spurlos verschwunden.

Als der Vater die Geschichte von der geheimnisvollen Malerin und ihrem Selbstporträt zu Ende erzählt hatte, schneite es noch immer. Ein neuer Krieg stand bevor, und Wien war kein friedlicher Ort mehr. Kurz darauf sollten sie nach Portugal zurückkehren. Als er selbst Jahre später abermals das Kunsthistorische Museum besuchte, um sich die Bruegel-Bilder noch einmal anzusehen, ruhte der Vater bereits auf dem Friedhof von Vila Viçosa.

▸ Aus *Wohin der Wind uns weht* von João Ricardo Pedro

Im Flugzeug Ich war, kaum erwacht, sofort im Bild:

Unter uns das offene Meer –

Es war der Motor links, der die Panne hatte; ein Propeller als starres Kreuz im wolkenlosen Himmel – das war alles.

Unter uns, wie gesagt, der Golf von Mexico.

Unsere Stewardeß, ein Mädchen von zwanzig Jahren, ein Kind mindestens ihrem Aussehen nach, hatte mich an der linken Schulter gefaßt, um mich zu wecken, ich wußte aber alles, bevor sie's erklärte, indem sie mir eine grüne Schwimmweste reichte; mein Nachbar war eben dabei, seine Schwimmweste anzuschnallen, humorig wie bei Alarm-Übungen dieser Art –

Wir flogen mindestens auf zweitausend Meter Höhe.

Natürlich sind mir keine Zähne ausgefallen, nicht einmal mein Stiftzahn, der Vierer oben rechts; ich war erleichtert, geradezu vergnügt.

Im Korridor, vorn, der Captain:

There is no danger at all –

Alles nur eine Maßnahme der Vorsicht, unsere Maschine ist sogar imstande mit zwei Motoren zu fliegen, wir befinden uns 8,5 Meilen von der mexikanischen Küste entfernt, Kurs auf Tampico, alle Passagiere freundlich gebeten, Ruhe zu bewahren und vorläufig nicht zu rauchen.

Thank you.

Alle saßen wie in einer Kirche, alle mit grünen Schwimmwesten um die Brust, ich kontrollierte mit meiner Zunge, ob mir wirklich keine Zähne wackelten, alles andere regte mich nicht auf.

Zeit 10.25 Uhr.

Ohne unsere Verspätung wegen Schneesturm in den nördlichen Staaten wären wir jetzt in Mexico-City gelandet, ich sagte es meinem Düsseldorfer – bloß um zu reden. Ich hasse Feierlichkeit.

Keine Antwort.

Ich fragte nach seiner genauen Zeit –

Keine Antwort.

Die Motoren, die drei anderen, liefen in Ordnung, von Ausfall nichts zu spüren, ich sah, daß wir die Höhe hielten, dann Küste im Dunst, eine Art von Lagune, dahinter Sümpfe. Aber von Tampico noch nichts zu sehen. Ich kannte Tampico von früher, von einer Fischvergiftung, die ich nicht vergessen werde bis ans Ende meiner Tage.

»Tampico«, sagte ich, »das ist die dreckigste Stadt der Welt. Ölhafen, Sie werden sehen, entweder stinkt's nach Öl oder nach Fisch –«

Er fingerte an seiner Schwimmweste.

»Ich rate Ihnen wirklich«, sagte ich, »essen Sie keinen Fisch, mein Herr, unter keinen Umständen –«

Er versuchte zu lächeln.

»Die Einheimischen sind natürlich immun«, sagte ich, »aber unsereiner –«

Er nickte, ohne zu hören. Ich hielt ganze Vorträge, scheint es, über Amöben, beziehungsweise über Hotels in Tampico. Sobald ich merkte, daß er gar nicht zuhörte, mein Düsseldorfer, griff ich ihn am Ärmel, was sonst nicht meine Art ist, im Gegenteil, ich hasse diese Manie, einander am Ärmel zu greifen. Aber anders hörte er einfach nicht zu. Ich erzählte ihm die ganze Geschichte meiner langweiligen Fischvergiftung in Tampico, 1951, also vor sechs Jahren – Wir flogen indessen, wie sich zeigte, gar nicht der Küste entlang, sondern plötzlich landeinwärts. Also doch nicht Tampico! Ich war sprachlos, ich wollte mich bei der Stewardeß erkundigen.

Rauchen wieder gestattet!

Vielleicht war der Flughafen von Tampico zu klein für unsere Super-Constellation (damals ist es eine DC-4 gewesen), oder sie hatten Weisung bekommen, trotz der Motorpanne nach Mexico-City durchzufliegen, was ich allerdings angesichts der Sierra Madre Oriental, die uns noch bevorstand, nicht begriff. Unsere Stewardeß – ich griff sie am Ellenbogen, was sonst, wie gesagt, nicht meine Art ist – hatte keine Zeit für Auskünfte, sie wurde zum Captain gerufen.

Tatsächlich stiegen wir.

Ich versuchte an Ivy zu denken –

Wir stiegen.

Unter uns immer noch Sümpfe, seicht und trübe, dazwischen Zungen von Land, Sand, die Sümpfe teilweise grün und dann wieder rötlich, Lippenstiftrot, was ich mir nicht erklären konnte, eigentlich keine Sümpfe, sondern Lagunen, und wo die Sonne spiegelt, glitzert es wie Lametta beziehungsweise wie Stanniol, jedenfalls metallisch, dann wieder himmelblau und wässerig (wie die Augen von Ivy) mit gelben Untiefen, Flecken wie violette Tinte, finster, vermutlich ein Unterwassergewächs, einmal eine Einmündung, braun wie amerikanischer Milchkaffee, widerlich, Quadratmeilen nichts als Lagunen. Auch der Düsseldorfer hatte das Gefühl, wir steigen.

Die Leute redeten wieder.

Eine anständige Landkarte, wie bei der *Swissair* immer zur Hand, gab es hier nicht, und was mich nervös machte, war lediglich diese idiotische Information: Kurs nach Tampico, während die Maschine landeinwärts fliegt – steigend, wie gesagt, mit drei Motoren, ich beobachtete die drei glitzernden Scheiben, die manchmal zu stocken scheinen, was auf optischer Täuschung beruht, ein schwarzes Zucken wie üblich. Es war kein Grund, sich aufzuregen, komisch nur der Anblick: das starre Kreuz eines stehenden Propellers bei voller Fahrt.

Unsere Stewardeß tat mir leid.

Sie mußte von Reihe zu Reihe gehen, lächelnd wie Reklame, und fragen, ob jedermann sich wohlfühle in seiner Schwimmweste; sobald man ein Witzchen machte, verlor sie ihr Lächeln. Ob man im Gebirge schwimmen könne? fragte ich –

Order war Order.

Ich hielt sie am Arm, die junge Person, die meine Tochter hätte sein können, beziehungsweise am Handgelenk; ich sagte ihr (natürlich zum Spaß!) mit erhobenem Finger, sie habe mich zu diesem Flug gezwungen, jawohl, niemand anders als sie – sie sagte:

»There is no danger, Sir, no danger at all. We're going to land in Mexico-City in about one hour and twenty minutes.«

Das sagte sie jedem.

Ich ließ sie los, damit sie wieder lächeln und ihre Pflicht erfüllen konnte, schauen, ob jedermann angeschnallt war. Kurz darauf hatte sie Order, Lunch zu bringen, obschon es noch nicht Lunchtime war ... Zum Glück hatten wir schönes Wetter auch über Land, fast keine Wolken, jedoch Böen wie üblich vor Gebirgen, die normale Thermik, so daß unsere Maschine sackte, schaukelte, bis sie sich wieder im Gleichgewicht hatte und stieg, um neuerdings zu sacken mit schwingenden Tragflächen; Minuten lang flog man vollkommen ruhig, dann wieder ein Stoß, so daß die Tragflächen wippten, und wieder das Schlenkern, bis die Maschine sich fing und stieg, als wäre es für immer in Ordnung, und wieder sackte – wie üblich bei Böen.

In der Ferne die blauen Gebirge.

Sierra Madre Oriental.

Unter uns die rote Wüste.

Als kurz darauf – wir erhielten gerade unsren Lunch, mein Düsseldorfer und ich, das Übliche: Juice, ein schneeweißes Sandwich mit grünem Salat – plötzlich ein zweiter Motor aussetzte, war die Panik natürlich da, unvermeidlich, trotz Lunch auf dem Knie. Jemand schrie.

Von diesem Augenblick an ging alles sehr rasch –

Offenbar befürchtete man noch den Ausfall der anderen Motoren, so daß man sich zur Notlandung entschloß. Jedenfalls sanken wir, der Lautsprecher knackte und knarrte, so daß man von den Anweisungen, die gegeben werden, kaum ein Wort versteht.

Meine erste Sorge: wohin mit dem Lunch?

Wir sanken, obschon zwei Motoren, wie gesagt, genügen sollten, das reglose Pneu-Paar in der Luft, wie üblich vor einer Landung, und ich stellte meinen Lunch einfach auf den Boden des Korridors, dabei befanden wir uns noch mindestens fünfhundert Meter über dem Boden.

Jetzt ohne Böen.

No smoking.

Die Gefahr, daß unsere Maschine bei der Notlandung zerschellt oder in Flammen aufgeht, war mir bewußt – ich staunte über meine Ruhe.

Ich dachte an niemand.

Alles ging sehr geschwind, wie schon gesagt, unter uns Sand, ein flaches Tal zwischen Hügeln, die felsig zu sein schienen, alles vollkommen kahl, Wüste –

Eigentlich war man nur gespannt.

Wir sanken, als läge eine Piste unter uns, ich preßte mein Gesicht ans Fenster, man sieht ja diese Pisten immer erst im letzten Augenblick, wenn schon die Bremsklappen draußen sind. Ich wunderte mich, daß die Bremsklappen nicht kommen. Unsere Maschine vermied offensichtlich jede Kurve, um nicht abzusacken, und wir flogen über die günstige Ebene hinaus, unser Schatten flog immer näher, er sauste schneller als wir, so schien es, ein grauer Fetzen auf dem rötlichen Sand, er flatterte.

Dann Felsen –

Jetzt stiegen wir wieder.

Dann, zum Glück, neuerdings Sand, aber Sand mit Agaven, beide Motoren auf Vollgas, so flogen wir Minuten lang auf Haushöhe, das Fahrgestell wurde wieder eingezogen. Also Bauchlandung! Wir flogen, wie man sonst in großen Höhen fliegt, ziemlich ruhig und ohne Fahrgestell – aber auf Haushöhe, wie gesagt, und ich wußte, es wird keine Piste kommen, trotzdem preßte ich das Gesicht ans Fenster.

Plötzlich war unser Fahrgestell neuerdings ausgeschwenkt, ohne daß eine Piste kam, dazu die Bremsklappen, man spürte es wie eine Faust gegen den Magen, Bremsen, Sinken wie im Lift, im letzten Augenblick verlor ich die Nerven, so daß die Notlandung – ich sah nur noch die flitzenden Agaven zu beiden Seiten, dann beide Hände vors Gesicht! – nichts als ein blinder Schlag war, Sturz vornüber in die Bewußtlosigkeit.

Dann Stille.

Wir hatten ein Affenschwein, kann ich nur sagen, niemand hatte auch nur eine Nottüre aufgetan, ich auch nicht, niemand rührte sich, wir hingen vornüber in unseren Gurten.

»Go on«, sagte der Captain, »go on!«

Niemand rührte sich.

»Go on!«

Zum Glück kein Feuer, man mußte den Leuten sagen, sie dürften sich abschnallen, die Türe war offen, aber es kam natürlich keine Treppe angerollt, wie man's gewohnt ist, bloß Hitze, wie wenn man einen Ofen aufmacht, Glutluft.

Ich war unverletzt.

Endlich die Strickleiter!

Man versammelte sich, ohne daß es eine Order brauchte, im Schatten unter der Tragfläche, alle stumm, als wäre Sprechen in der Wüste strengstens verboten. Unsere Super-Constellation stand etwas vornüber gekippt, nicht schlimm, nur das vordere Fahrgestell war gestaucht, weil eingesunken im Sand, nicht einmal gebrochen. Die vier Propeller-Kreuze glänzten im knallblauen Himmel, ebenso die drei Schwanzsteuer. Niemand rührte sich, wie gesagt, offenbar warteten alle, daß der Captain etwas sagte.

»Well«, sagte er, »there we are!«

Er lachte.

Ringsum nichts als Agaven, Sand, die rötlichen Gebirge in der Ferne, ferner als man vorher geschätzt hat, vor allem Sand und nochmals Sand, gelblich, das Flimmern der heißen Luft darüber, Luft wie flüssiges Glas. –

Zeit: 11.05 Uhr.

Ich zog meine Uhr auf –

Die Besatzung holte Wolldecken heraus, um die Pneus vor der Sonne zu schützen, während wir in unseren grünen Schwimmwesten umherstanden, untätig. Ich weiß nicht, warum niemand die Schwimmweste auszog.

▸ Aus *Homo Faber* von Max Frisch

Im Restaurant Schon vor zwölf Uhr war die Terrasse von Gästen überschwemmt, an jedem Vormittag vier überfüllte Schiffe voller Tagestouristen, die sich vom Hafen her ins Hochland des Dornbuschs wälzten, als gäbe es keinen zweiten Ort. Auch die Lichtung und der Wald ringsum waren dann bis zur Steilküste hin mit Urlaubern besetzt, sprungbereit. Manche von ihnen versuchten, vom Rand her Bestellungen aufzugeben, bald standen einige der Schamlosesten zwischen den Tischen, mitten in den Serviergassen der Kellner. Man sah auf die Tische herunter, diskutierte die Speisen, streckte die Hände, um auf das Essen zu zeigen, und berührte es fast oder versuchte, mit einem feindseligen Geraune die sitzenden Gäste von ihren Plätzen zu vertreiben. »Achtung!« und »Vorsicht!« schrien die Kellner, aber auch ernsthaftere Zurechtweisungen wirkten nur vorübergehend, und irgendwann sah man Krombach den Biergarten umkreisen. Begütigend geleitete er die allzu Ungeduldigen zurück an den Rand der Terrasse, als führe er sie aus einem Labyrinth. Dabei hielt er sie am Arm, wie Blinde, manchmal ging er mit ihnen auch bis ans Kliff, zur Steilküste hin – um sie hinunterzustoßen, dachte Ed, was eine Lösung gewesen wäre und dem Wort *Stoßzeit* einen tiefen Sinn gegegeben hätte ...

Tatsächlich brachte die Stoßzeit von allen das Beste zum Vorschein, und bald begann Ed zu verstehen, was sich hinter den hohen Begriffen von Besatzung und Mannschaft verbarg. Krombach, der das Büro ansonsten nie verließ, zog ein kurzes graues Stück Tau aus seiner Hosentasche und begann, Seemannsknoten vorzuführen, mit erhobenen Händen. Er knotete Herzen verschiedenster Gestalt, hielt sie in die Luft und erhielt Beifall. Dass jemand etwas vorführte, erweckte sofort Aufmerksamkeit, vor allem, weil das Ganze offensichtlich ungeplant geschah, spontan, ohne Eintritt und Kontrolle, und also einem seltenen, exotischen Ereignis gleichkam, etwas, das man eben nur hier, auf dieser Insel, erleben konnte.

Ed erfuhr nie, was Krombach während seiner Knotungen zum Besten gab. Auf die Touristen schienen die grauen Herzen dieselbe hypnotisierende Kraft auszuüben wie auf ihn. Nach vier oder fünf Herzen verbeugte sich der Direktor.

Dann zog er weitere kleine Stricke aus seiner Hosentasche und verteilte sie unter den Umstehenden, die sie ungläubig und wie etwas außerordentlich Kostbares entgegennahmen. Augenblicklich begannen einige damit, die kurzen Enden zu verknoten, zumindest versuchten sie es, und eine Zeitlang erschien die Herstellung eigener Herzen begehrenswerter als Schnitzel oder Steak au four.

Rimbaud und Cavallo fielen schon bald in eine Art Dauerlauf, während Chris versuchte, sein Gehen beizubehalten, es dafür aber aufs Äußerste beschleunigen musste und schließlich zu dem für ihn typischen Humpelschritt steigerte. Das Geschirr kam jetzt in großen, schwankenden, von Speiseresten verklebten Stapeln ans Becken und musste (es war einfach immer zu wenig vorrätig davon) sofort gespült, getrocknet und erneut bereitgestellt werden. In Abständen erschien der bleiche Walrossschädel Koch-Mikes über der Schwenktür zur Küche. Seine Beschimpfungen waren nicht bösartig oder aggressiv, aber auf eine nicht zu überbietende Weise dramatisch, dringlich, eine täglich zur Stoßzeit einsetzende Arie über fehlende Teller, Messer, Schüsseln und den unter diesen Umständen zu erwartenden Ausgang, endgültigen Kollaps, Exitus. Ertönte die Arie, war die Zeit für Feinheiten vorbei. Ganze Stapel unabgeräumter Teller wurden ohne weiteres ins Becken gestürzt und die fettigen Reste von Schnitzeln, Kartoffeln, Salat oder Bouletten mit einem Schwung der Rückhand von der Wasseroberfläche zu Boden gefegt. Nachdem Ed einige Übung hatte, genügten ihm zwei, drei Rückhände in schneller Folge, eine Sache von Sekunden, und sein Becken war frei. Dabei musste er nur darauf achten, dass sauberes Geschirr nicht besudelt wurde, und ein gewisser Nachteil war, dass sie bis zum Abend in einem ekelerregenden Morast aus zertretenen Abfällen stapften, ein Sumpf aus Speisebrei, der obszöne Geräusche machte unter den Sohlen, weshalb Ed sich bald wie auf Gleitschuhen über die

Fliesen bewegte. Damit die Kellner nicht ausrutschten, wischte und trocknete Kruso in Abständen die Einflugschneise – selbst jetzt, da kaum einer wusste, wo ihm der Kopf stand, zeigte er Übersicht, Verantwortung und Fürsorge. Ed hätte ihn gern umarmt dafür.

Das Klausner-Thermometer zeigte 43 Grad. Sie arbeiteten wie die Berserker, blieben aber in Verzug. Die Sonne stach durch die Fenster und das Waschwasser verbreitete eine ätzende Schwüle. Literweise schütteten sie Tee in sich hinein, den Karola am Tresen zubereitete und in einer großen braunen Steingutkanne in den Abwasch trug. Stammplatz der Kanne war die Öffnung zum Speiseaufzug in Eds Rücken, der früher vielleicht in den Keller hinunter- oder in die Dienstbotenetage hinaufgefahren war, inzwischen aber nur noch als Ablage diente. Da keine Zeit zum Einschenken blieb, trank Ed aus der Tülle. In der Eile stürzte ihm der lauwarme Tee über den Rand der Kanne ins Gesicht, was keine besondere Rolle spielte, da ihre Oberkörper frei und die Trockentücher um die Hüften ohnehin längst durchnässt waren von Spülwasser und Schweiß. Er war ein Galeerensklave. Er fühlte sich nackt, auch sein Geschlecht war nass, und es juckte zwischen den Beinen.

Nach einer Stunde Stoßzeit begann Cavallo, das erste Mal zu wiehern. Dabei vollführte er kleine zügellose Sprünge, wie ein Kind, das ein Galoppieren nachahmen möchte; dazu ein kleines Prusten, Schnauben, sein schmaler Schnauzer vibrierte. Diese Auftritte waren mit dem, was Cavallo sonst darstellte (die ganze Verschlossenheit seiner Person), schwer in Einklang zu bringen. »Romacavalli«, brüllte Rimbaud durch den Klausner und spornte sie an: »Avanti, avanti, dilettanti!« Ed bewunderte die Art, wie Rimbaud mit weit ausgebreiteten Armen herumwirbelte, als stünde er auf Zehenspitzen; wie er mit einer Hand die Kasse bediente, Quittungen sortierte, für Sekunden unbewegt etwas entzifferte auf einem der winzigen Bons und gleichzeitig (mit einem Arm, der immer länger wurde) das große Tablett mit Bier und Limonade vom Tresen aufnahm, fließend, als verfüge er über eine teleskopische Kraft; das alles, während er außerdem die Essenausgabe im Auge behielt und eine unmerkliche Geste zu dem in verwinkelten Bewegungen vorüberfegenden Chris hin machte.

»Ruhm, wann kommst du?«

Ging die Stoßzeit auf ihren Höhepunkt zu, begann Rimbaud damit, Zitate zum Besten zu geben, Zitate fäkalischen oder pornographischen Inhalts, die in vollkommenem Gegensatz zu seiner eleganten Erscheinung standen und irgendeinen für Ed nicht benennbaren Hass, eine abgrundtiefe Verachtung ausdrückten, Verachtung für alles im Leben und das Leben selbst, aber doch niemals so gemeint sein konnten, dachte Ed. Auch der euphorische, im Grunde kämpferische Klang seiner Stimme sprach eine andere Sprache. Ed verstand Rimbauds Zoten als Ausdruck der schwierigen Synthese von Philosoph und Oberkellner, wie sie das mit Sicherheit belesenste Mitglied ihrer Besatzung an jedem Tag so gut und stolz wie nur möglich vollzog. Manchmal begann Rimbaud plötzlich französisch zu sprechen; »mon plongeur, mon ami«, und wenn er auf dem Weg in den Abwasch an der Tür Krombachs vorübereilte, beschimpfte er ihn laut: »Chef du personnel – une catastrophe!« Nach seinem Einsatz auf der Terrasse blieb der Direktor unsichtbar.

Ed schuftete und schwitzte sich den Rest seiner Gedanken und Gefühle aus dem Leib. Er arbeitete sich durch bis auf den stabilen Grund einer wirklichen Erschöpfung, und für diese Stunden fühlte er sich rein, erlöst von sich selbst und seinem Unglück; er war nicht mehr und nicht weniger als ein Abwäscher, der auf passable Weise Stellung hielt im Chaos.

Beim ersten Mal hatte Ed geglaubt, Kruso erläutere etwas, eine Fortsetzung seiner Unterweisungen, auf die gut zu achten wäre. Sein Ohr hatte sich an den Hallraum des Abwaschs gewöhnt, trotzdem verstand er nur einzelne Worte, die sich wiederholten, es waren die Worte »Mann« und »Meer«.

»Was?«, brüllte Ed durch das Tosen der Stoßzeit, zu heftig vielleicht, denn augenblicklich hielt Kruso seine Hände still; das Wasser klatschte gegen die Wandung des Beckens.

»Am Hochried vorbei, am Niedermoor vorbei, zieht das Boot nach dem Meer.«

Es schien sich um eine Art Zauberformel zu handeln, denn schlagartig wurde es still ringsum, sogar das Radio in der Küche verstummte. Krusos Kopf blieb gesenkt, und Ed ging davon aus, dass das Gespräch, noch ehe es begonnen hatte, wieder beendet war. Er tauchte die Hände in sein Becken, um sich einen Teller zu greifen, als der Chor anhob:

»Am Hochried vorbei, am Niedermoor vorbei, zieht das Boot nach dem Meer. Zieht mit dem ziehenden Mond das Boot nach dem Meer ...«

Ed registrierte Rimbaud und Cavallo in seinem Rücken; singend, keuchend und schwer beladen. Mit ihren ausgestreckten, von schmutzigem Geschirr bedeckten Armen wirkten sie wie Komparsen in einem absurden Stück. Dann, hinter ihnen, im Halbdunkel, Karola, mit ihrer dunklen, wunderbar singenden Stimme:

»So sind sie Gefährten zum Meer, das Boot, der Mond und der Mann ...«

Kruso flüsterte nur noch, umso kräftiger die Bässe, es waren die Stimmen Koch-Mikes und Rolfs:

»Warum ziehen der Mond und der Mann zu zweit so bereit nach dem Meer, so bereit nach dem Meer!«

Noch ehe Ed die Szene begriffen hatte, krachten die Teller der Kellner in sein Becken; Chris stürzte an allen vorbei, er brüllte »So bereit nach dem Meer!« und umarmte Kruso, der dabei nahezu unbewegt blieb, was nicht eigentlich abweisend oder unnatürlich wirkte. Es entsprach nur der Würde des Gedichts, das sie gemeinsam vorgetragen hatten, offensichtlich eine Art Hymne des Klausners, »unser Heiliges«, wie Kruso es später noch öfter erklärte.

Wie die verknoteten Herzen oder das Wiehern Cavallos gehörte der Chor vom Mann und dem Meer zum Ritual der Stoßzeit und ihres Deliriums, es war ihr Höhepunkt. In den folgenden Minuten brüllte Koch-Mike sein »finito« aus der Küche, das Ende der Bestellungen *à la carte*. Rasch wurden die Menüs eingezogen, manchen besonders enttäuschten Gästen mussten die blassen Durchschläge regelrecht aus der Hand gerissen werden. Zwei oder drei Speisen blieben im Angebot, meist handelte es sich um Soljanka, Jägerschnitzel und Roulade. Das Ausrufen der Notkarte wurde von Chris übernommen, dem bei den Gästen wegen seiner burschikosen und umgänglichen Art beliebtesten Kellner. Unser bester Mann im Service, flötete Rimbaud und spitzte die Lippen, Rimbaud und Cavallo spotteten gern über Chris, der im vergangenen Jahr aus Magdeburg auf die Insel gekommen war, aus einem früheren Leben als Elektriker; als *Elektrischer*, wie er es selbst ausdrückte.

Nachdem Chris zwei Stunden lang wie ein Derwisch hin- und hergehumpelt war (im Nacken die träge federnde Matte seines fettigen, schwarzlockigen Haars), trat er hinaus und verharrte wie ein Bote des Königs auf den Stufen zur Terrasse. Er wartete, bis Ruhe einkehrte und sich alle Augen auf ihn gerichtet hatten. Dann rief er »Soljanka«, und wer Soljanka essen wollte, lernte es, sich laut und deutlich mit »hier« zu melden und gleichzeitig aufzustehen, »damit ich eine Übersicht habe«, wie Chris es begründete, logisch und nachvollziehbar. Ähnlich verhielt es sich beim Austragen der Speisen. Oft hatte Chris sechs oder sieben Teller auf den Armen, wenn er auf die Terrasse hinausstürmte und »Schnitzel« rief und sich die Besteller erhoben und »hier« brüllten, oft unnötig laut in der Hoffnung, bei denen zu sein, die zuerst bedient werden würden. Einige übertrieben dabei und riefen »HierSirr!« oder schlugen die Hacken zusammen, woraufhin Chris, der in einer einzigen fließenden Bewegung Teller für Teller oder Schüssel für Schüssel auf die Tische gleiten ließ, etwas zurückbrüllte wie »Zwanzig Liegestütze!« oder »Zum Hockstrecksprung weggetreten!«, dabei warf er den Kopf zurück, der Ausdruck seiner Gesichtszüge schwankte zwischen Verachtung und Wahnsinn, und natürlich war das Ganze nur ein Spiel.

Trotzdem trug das Salutieren hier und da ernsthafte Züge, als sei von Chris tatsächlich irgendeine höhere Gewalt ausgegangen oder als hätte er damit etwas geweckt, was mancher Gast kaum im Zaum halten konnte. Es gab Gäste, die in den Liegestütz fielen oder ihre Arme in Seitschlaghalte brachten und die Vögel, die in den angrenzenden Büschen versteckt auf Essensreste spekulierten, mit Hockstrecksprüngen entsetzten. Manche Gäste kannten einfach keine Grenzen (wie Eds Mutter es ausgedrückt hätte), offensichtlich bekam ihnen ihr Urlaub nicht, oder es war ihr ganzes unerfülltes Dasein. Chris war das egal. Am Ende der Stoßzeit überließ er sie ihrem Schicksal. 13.30 Uhr war Küchenschluss, Punkt 14 Uhr wurde die Tür zur Terrasse verriegelt.

Rimbaud und Cavallo warfen Jacken und Hemden ab, beugten sich über die Abwaschbecken und schöpften Hände voll kalten Wassers in ihre Achselhöhlen. Wenn Ed nach überstandener Stoßzeit nach draußen auf die Rampe trat, um frische Luft in seine von den Ausdünstungen des Abwaschs gereizten Lungen zu pumpen, kam er sich vor wie verkrustet, wie ein Fossil, dessen Versteinerung noch nicht abgeschlossen war. Während die Haut im Gesicht spannte wie altes Leder, löste sie sich an den Händen auf und franste in weißlichen Fetzchen um die Fingerkuppen. Er fühlte sich unsicher auf seinen Beinen, ein leichter Schwindel, der auch von dem sirupartigen Spülmittel rührte, das kaum Schaum produzierte, aber ätzende Dämpfe verströmte, die ihm auf den Magen schlugen.

Beim gemeinsamen Essen am Pausentisch fiel es Ed schwer, das Bild des sehnigen Schweineschnitzels auf seinem Teller zu trennen von denen, die er zuvor gesehen hatte, zerschnitten, durchgekaut, ausgespien, zertreten oder schwimmend in der Lauge seines Beckens. Eigentlich genügte ihm seine tägliche Zwiebel, er brauchte nicht mehr. Er war müde, und er wollte sich nicht mehr bewegen, nur noch liegen, ausstrecken, schlafen, aber er hielt fest an seinem Gang hinunter ans Meer.

Bevor Ed aufbrach, blieb er für einen Moment bei den anderen am Tisch im Hof, irgendwann aß er doch etwas und rauchte, er hatte wieder begonnen zu rauchen, alle rauchten, und es wurde kaum gesprochen. Es herrschte dieselbe schwerwiegende Zufriedenheit, die ihm damals auf dem Bau so gutgetan hatte, in den Jahren, bevor er zum Studium gegangen war, um sich zu verirren in den Geschichten der Sprache, ihren labyrinthischen Konstruktionen aus Syntax, Morphologie, Orthographie und Lexikologie, das ganze *Idiotenkarussell,* wie die Studenten die Prüfung jener Fächer am Ende des ersten Studienjahres nannten, voller Abscheu und Respekt, es war ihr Physikum, bestehend aus Sätzen von Musil oder Kleist, an denen nicht wenige verzweifelt und gescheitert waren.

Ed genoss die Befriedigung; es war eine Art Ehrgefühl: Für diesen Moment waren sie alle vereint in ihrem Stolz. Ein aufrichtiger Stolz, der vielleicht weniger von der Art ihrer Arbeit (Sklavenarbeit) herrührte als davon, etwas im Grunde Unmögliches geschafft, ja, einem Sturm standgehalten zu haben. Nichts gab ihnen so deutlich das Gefühl von Gemeinschaft wie die Stoßzeiten der Hauptsaison mit ihren Tumulten und Zumutungen. Sie gehörten zu jener Besatzung, die ihr Schiff bis zum Letzten verteidigen würde, so viel war sicher, unter Aufbietung all ihrer Geschicklichkeit, ihres gastronomischen Draufgängertums und jener Künste, über die sie aufgrund ihrer akademischen oder künstlerischen Herkunft verfügten. Indem sie das Unmögliche schafften, in dieser gewaltigen, chaotischen Aktion, erfüllten sie offensichtlich den Ehrenkodex, von dem Kruso gesprochen hatte. Jenen Kodex, der die Esskaas miteinander verband. Mit Hilfe eines speziellen Irrsinns, einer Essenz aus Gastronomie und Poesie, hielten sie ihre Arche über Wasser, Tag für Tag. Und retteten die schlingernde Insel.

▸ Aus *Kruso* von Lutz Seiler

In der Bar In allen Räumen des großen Gebäudes war Festbetrieb, in allen Sälen wurde getanzt, auch im Kellergeschoß, alle Korridore und Treppen waren von Masken, Tanz, Musik, Gelächter und Gejage überflutet. Beklommen schlich ich durch das Gewühl, von der Negerkapelle zur Bauernmusik, vom großen strahlenden Hauptsaal in die Gänge, Stiegen, in die Bars, zu den Büfetts, in die Sektstuben. Die Wände waren zumeist mit wilden lustigen Malereien der jüngsten Künstler behangen. Alles war da, Künstler, Journalisten, Gelehrte, Geschäftsleute, dazu natürlich die ganze Lebewelt der Stadt. In einem der Orchester saß Mister Pablo und blies begeistert in sein geschweiftes Rohr; als er mich erkannte, sang er mir laut seinen Gruß entgegen. Von der Menge geschoben, gelangte ich in diesen und jenen Raum, Treppen hinauf, Treppen hinunter; ein Gang im Kellergeschoß war von den Künstlern als Hölle ausgestattet, und eine Musikband von Teufeln paukte darin wie rasend. Allmählich begann ich nach Hermine, nach Maria auszuspähen, begab mich auf die Suche, bemühte mich mehrmals, in den Hauptsaal zu dringen, lief aber jedesmal fehl oder hatte den Strom der Menge gegen mich. Um Mitternacht hatte ich noch niemand gefunden; obwohl ich noch nicht getanzt hatte, war mir schon heiß und schwindlig, ich warf mich in den nächsten Stuhl, zwischen lauter Fremden, ließ mir Wein geben und fand, das Mitmachen solcher lärmiger Feste sei nichts für einen alten Mann wie mich. Resigniert trank ich mein Glas Wein, starrte auf die nackten Arme und Rücken der Weiber, sah die vielen grotesken Maskenfiguren vorbeiwehen, ließ mich puffen und schickte die paar Mädchen schweigend weiter, die auf meinem Schoß sitzen oder mit mir tanzen wollten. »Alter Brummbär«, rief eine und hatte recht. Ich beschloß, mir etwas Mut und Laune anzutrinken, aber auch der Wein schmeckte mir nicht, ich brachte kaum das zweite Glas hinunter. Und allmählich spürte ich, wie der Steppenwolf hinter mir stand und die Zunge herausstreckte. Es war nichts los mit mir, ich war hier am falschen Ort. Ich war ja in bester Absicht gekommen, aber ich konnte hier nicht froh werden, und die laute brausende Freude, das Gelächter und die ganze Tollerei ringsum erschien mir dumm und erzwungen.

So kam es, daß ich um ein Uhr enttäuscht und böse mich wieder zur Garderobe zurückpirschte, um den Mantel anzuziehen und zu gehen. Es war eine Niederlage, ein Rückfall in den Steppenwolf, und Hermine würde es mir kaum verzeihen. Aber ich konnte nicht anders. Ich hatte auf dem mühsamen Weg durchs Gedränge bis zur Garderobe nochmals sorgfältig um mich geschaut, ob ich keine der Freundinnen sähe. Vergebens. Nun stand ich am Schalter, der höfliche Mann hinter der Schranke hielt schon die

Hand nach meiner Nummer ausgestreckt, ich griff in die Westentasche – die Nummer war nicht mehr da! Teufel, das hatte noch gefehlt. Mehrmals während meiner traurigen Wanderungen durch die Säle, während meines Sitzens beim faden Wein hatte ich in die Tasche gegriffen, mit dem Entschluß zum Wiederfortgehen kämpfend, und hatte stets die runde flache Marke an ihrem Ort gefühlt. Und jetzt war sie fort. Alles war gegen mich.

»Nummer verloren?« fragte ein kleiner rot und gelber Teufel neben mir mit schriller Stimme. »Da, Kamerad, kannst die meine haben«, und streckte sie mir auch schon dar. Während ich sie mechanisch annahm und in den Fingern drehte, war der flinke kleine Kerl schon wieder verschwunden.

Als ich aber die kleine runde Kartonmünze ans Auge hob, um nach der Nummer zu sehen, stand gar keine Nummer darauf, sondern ein Gekritzel in kleiner Schrift. Ich bat den Garderobenmann zu warten, ging unter den nächsten Leuchter und las. Da stand in kleinen taumelnden Buchstaben, schwer zu lesen, etwas gekritzelt:

Heut nacht von vier Uhr an magisches Theater
– nur für Verrückte –
Eintritt kostet den Verstand.
Nicht für jedermann. Hermine ist in der Hölle.

Wie eine Marionette, deren Draht dem Spieler einen Augenblick entglitten war, nach kurzem, steifem Tod und Stumpfsinn wieder auflebt, wieder ins Spiel gehört, tanzt und agiert, so lief ich, am magischen Draht gerissen, in das Getümmel, dem ich soeben müde, lustlos und alt entflohen war, elastisch, jung und eifrig wieder zurück. Nie hat ein Sünder es eiliger gehabt, in die Hölle zu kommen. Eben noch hatten mich die Lackschuhe gedrückt, hatte mich die dicke parfümierte Luft angewidert, die Hitze mich erschlafft; jetzt lief ich hurtig auf federnden Füßen im Onesteptakt durch alle Säle, der Hölle entgegen, fühlte die Luft voll Zauber, wurde gewiegt und getragen von der Wärme, von all der brausenden Musik, vom Taumel der Farben, vom Duft der Frauenschultern, vom Rausch der Hunderte, vom Lachen, vom Tanztakt, vom Glanz all der entzündeten Augen. Eine spanische Tänzerin flog mir in die Arme: »Tanz mit mir!« – »Geht nicht«, sagte ich, »ich muß in die Hölle. Aber einen Kuß von dir nehm ich gerne mit.« Der rote Mund unter der Maske kam mir entgegen, und erst im Kuß erkannte ich Maria. Fest schloß ich sie in die Arme, wie eine reife Sommerrose blühte ihr voller Mund. Und nun tanzten wir auch schon, die Lippen noch aufeinander, und tanzten an Pablo vorbei, der hing verliebt über seiner zärtlich heulenden Tonröhre, strahlend und halb abwesend umfing uns sein schöner Tierblick. Aber eh wir zwanzig Tanzschritte getan hatten, brach die

Musik ab, ungern ließ ich Maria aus meinen Händen.

»Gern hätte ich noch einmal mit dir getanzt«, sagte ich, berauscht von ihrer Wärme, »komm ein paar Schritte mit, Maria, ich bin verliebt in deinen schönen Arm, laß ihn mir noch einen Augenblick! Aber sieh, Hermine hat mich gerufen. Sie ist in der Hölle.«

»Ich dachte es mir. Leb wohl, Harry, ich behalte dich lieb.« Sie nahm Abschied. Abschied war es, Herbst war es, Schicksal war es, wonach die Sommerrose so reif und voll geduftet hatte.

Weiter lief ich, durch die langen Korridore voll zärtlichen Gedränges, die Treppen hinab, in die Hölle. Dort brannten an pechschwarzen Wänden grelle böse Lampen, und die Teufelskapelle spielte fiebernd. Auf einem hohen Barstuhl saß ein hübscher Jüngling ohne Maske, im Frack, der musterte mich kurz mit einem spöttischen Blick. Ich ward vom Tanzstrudel an die Wand gedrückt, gegen zwanzig Paare tanzten in dem sehr engen Raum. Gierig und ängstlich beobachtete ich alle Frauen, die meisten waren noch maskiert, einige lachten mich an, aber keine war Hermine. Spöttisch blickte der schöne Jüngling vom hohen Barstuhl herüber. In der nächsten Tanzpause, dachte ich, würde sie kommen und mich anrufen. Der Tanz ging zu Ende, aber niemand kam.

Ich ging zur Bar hinüber, die in eine Ecke des kleinen niedern Raumes geklemmt war. Neben dem Stuhl des Jünglings stellte ich mich an und ließ mir Whisky geben. Während ich trank, sah ich das Profil des jungen Mannes, es sah so bekannt und reizend aus, wie ein Bild aus sehr ferner Zeit, kostbar durch den stillen Staubschleier der Vergangenheit. Oh, da durchzuckte es mich: es war ja Hermann, mein Jugendfreund!

»Hermann!« sagte ich zögernd.

Er lächelte. »Harry? Hast du mich gefunden?«

Es war Hermine, nur wenig umfrisiert und leicht geschminkt, apart und bleich blickte ihr kluges Gesicht aus dem modischen Stehkragen, wunderlich klein kamen ihre Hände aus den weiten schwarzen Frackärmeln und weißen Manschetten hervor, wunderlich zierlich, in schwarzweißen seidenen Herrensocken, ihre Füße aus den langen schwarzen Hosen.

»Ist dies das Kostüm, Hermine, in dem du mich in dich verliebt machen willst?«

»Bisher«, nickte sie, »habe ich erst einige Damen verliebt gemacht. Aber jetzt kommst du an die Reihe. Laß uns erst ein Glas Champagner trinken.«

Dies taten wir, auf unsern hohen Barstühlen hokkend, während nebenan der Tanz weiterging und die heiße heftige Streichmusik schwoll. Und ohne daß Hermine sich darum irgendwelche Mühe zu geben schien, wurde ich sehr bald in sie verliebt. Da sie Herrenkleider trug, konnte ich nicht mit ihr tanzen, konnte mir keine Zärtlichkeit, keinen Angriff erlauben, und während sie fern und neutral erschien in ihrer Männermaske, umgab sie mich in Blicken, in Worten, in Gebärden mit allen Reizen ihrer Weiblichkeit. Ohne sie nur berührt zu haben, unterlag ich ihrem Zauber, und dieser Zauber selbst blieb in ihrer Rolle, war ein hermaphroditischer. Denn sie unterhielt sich mit mir über Hermann und über die Kindheit, über meine und ihre, über jene Jahre vor der Geschlechtsreife, in denen das jugendliche Liebesvermögen nicht nur beide Geschlechter, sondern alles und jedes umfaßt, Sinnliches und Geistiges, und alles mit dem Liebeszauber und der märchenhaften Verwandlungsfähigkeit begabt, die nur Auserwählten und Dichtern auch noch in späteren Lebensaltern zuzeiten wiederkehrt. Sie spielte durchaus den Jüngling, rauchte Zigaretten und plauderte leicht und geistvoll, oft ein wenig spottlustig, aber alles war von Eros durchschienen, alles verwandelte sich auf dem Wege zu meinen Sinnen in holde Verführung.

Wie gut und genau hatte ich Hermine zu kennen gemeint, und wie vollkommen neu offenbarte sie sich mir in dieser Nacht! Wie sanft und unmerklich zog sie das ersehnte Netz um mich, wie spielend und nixenhaft gab sie mir das süße Gift zu trinken!

Wir saßen und plauderten und tranken Champagner. Wir schlenderten beobachtend durch die Säle, abenteuernde Entdecker, suchten uns Paare aus, deren Liebesspiel wir belauschten. Sie zeigte mir Frauen, mit denen zu tanzen sie mich aufforderte, und gab mir Ratschläge über die Verführungskünste, welche bei dieser und bei jener anzuwenden seien. Wir traten als Nebenbuhler auf, strichen beide eine Weile derselben Frau nach, tanzten abwechselnd beide mit ihr, suchten beide sie zu gewinnen. Und doch war dies alles nur Maskenspiel, war nur ein Spiel zwischen uns beiden, flocht uns beide enger zusammen, entzündete uns beide füreinander. Alles war Märchen, alles war um eine Dimension reicher, um eine Bedeutung tiefer, war Spiel und Symbol. Wir sahen eine sehr schöne junge Frau, die etwas leidend und unzufrieden aussah, Hermann tanzte mit ihr, brachte sie zum Blühen, verschwand mit ihr in eine Sektlaube und erzählte mir nachher, sie habe diese Frau nicht als Mann erobert, sondern als Frau, mit dem Zauber von Lesbos. Mir aber ward allmählich dies ganze tönende Haus voll tanzbrausender Säle, dieses berauschte Volk von Masken zu einem tollen Traumparadies, Blüte um Blüte warb mit ihrem Duft, Frucht um Frucht umspielte ich suchend mit probenden Fingern, Schlangen blickten mich aus grünem Laubschatten verführend an, Lotosblüte geisterte über schwarzem Sumpf, Zaubervögel lockten im Gezweige, und alles führte mich doch zu einem ersehnten Ziel, alles lud mich neu mit Sehnsucht nach der Einzigen. Einmal tanzte ich mit einem unbekannten Mädchen, glühend, werbend, riß sie mit in Taumel und Rausch, und während wir im Unwirklichen schwebten, sagte sie, plötzlich auflachend:

»Man kennt dich nicht wieder. Heut abend warst du so dumm und fad.« Und ich erkannte die, die vor Stunden »alter Brummbär« zu mir gesagt hatte. Nun glaubte sie mich zu haben, aber im nächsten Tanz war es schon eine andere, an der ich glühte. Ich tanzte zwei Stunden oder länger immerzu, jeden Tanz, auch Tänze, die ich nie gelernt hatte. Immer wieder tauchte in meiner Nähe Hermann auf, der lächelnde Jüngling, nickte mir zu, verschwand im Gewühl.

Ein Erlebnis, das mir in fünfzig Jahren unbekannt geblieben war, obwohl jeder Backfisch und Student es kennt, wurde mir in dieser Ballnacht zuteil: das Erlebnis des Festes, der Rausch der Festgemeinschaft, das Geheimnis vom Untergang der Person in der Menge, von der Unio mystica der Freude. Oft hatte ich davon sprechen hören, jeder Dienstmagd war es bekannt, und oft hatte ich das Leuchten im Auge der Erzählenden gesehen und hatte immer halb überlegen, halb neidisch dazu gelächelt. Jenes Strahlen in den trunkenen Augen eines Entrückten, eines von sich selbst Erlösten, jenes Lächeln und halb irre Versunkensein dessen, der im Rausch der Gemeinschaft aufgeht, hatte ich hundertmal im Leben an edlen und an gemeinen Beispielen gesehen, an besoffenen Rekruten und Matrosen ebenso wie an großen Künstlern, etwa im Enthusiasmus festlicher Aufführungen, und nicht minder an jungen Soldaten, die in den Krieg zogen, und noch in jüngster Zeit hatte ich dies Strahlen und Lächeln des glücklich Entrückten bewundert, geliebt, bespöttelt und beneidet an meinem Freunde Pablo, wenn er selig im Rausch des Musizierens im Orchester über seinem Saxophon hing oder dem Dirigenten, dem Trommler, dem Mann mit dem Banjo zuschaute, entzückt, ekstatisch. Solch ein Lächeln, solch ein kindhaftes Strahlen, hatte ich zuweilen gedacht, sei nur ganz jungen Menschen möglich oder solchen Völkern, die sich keine starke Individuation und Differenzierung der einzelnen gestatteten. Aber heute, in dieser gesegneten Nacht, strahlte ich selbst, der Steppenwolf Harry, dies Lächeln, schwamm ich selbst in diesem tiefen, kindhaften, märchenhaften Glück, atmete ich selbst diesen süßen Traum und Rausch aus Gemeinschaft, Musik, Rhythmus, Wein und Geschlechtslust, dessen Lobpreis im Ballbericht irgendeines Studenten ich einst so oft mit Spott und armer Überlegenheit mit angehört hatte. Ich war nicht mehr ich, meine Persönlichkeit war aufgelöst im Festrausch wie Salz im Wasser. Ich tanzte mit dieser oder jener Frau, aber nicht nur sie war es, die ich im Arm hatte, deren Haar mich streifte, deren Duft ich einsog, sondern alle, alle die andern Frauen mit, die im selben Saal, im selben Tanz, in derselben Musik wie ich schwammen und deren strahlende Gesichter wie große phantastische Blumen mir vorüberschwebten, alle gehörten mir, allen gehörte ich, alle hatten wir aneinander teil. Und auch die Männer gehörten dazu, auch in ihnen war ich, auch sie waren mir nicht fremd, ihr Lächeln das meine, ihr Werben das meine, meines das ihre.

▸ Aus *Der Steppenwolf* von Hermann Hesse

Bibliographischer Vermerk: Dies entstand, als ich an einem Haushaltswarengeschäft vorüberging und eine Schachtel sah, die einen geheimnisvollen Gegenstand enthielt mit der Bezeichnung: STAR WASHERS.

Im Zelt

Es wurde eine Gesellschaft mit dem Namen DIE STERNPUTZER gegründet.

Man brauchte nur die Nummer 50-4765 anzurufen, und unverzüglich erschienen die Putzkolonnen, mit allen notwendigen Gerätschaften ausgerüstet, genauestens instruiert und voller Arbeitseifer; wenigstens waren dies die Worte, mit denen die Gesellschaft warb.

Auf diese Weise erlangten die Sterne am Himmel schon bald den Glanz zurück, den die Zeit, die historischen Studien und die Abgase der Flugzeuge getrübt hatten. Es wurde möglich, eine genauere Klassifizierung nach ihrer Magnitudo vorzunehmen, und dabei stellte man freudig überrascht fest, daß alle dem Reinigungsprozeß unterzogenen Sterne der ersten bis dritten Größe angehörten. Jene, die man vorher für unbedeutend gehalten hatte – wer kümmert sich schon um Sterne, die Hunderte von Lichtjahren entfernt zu sein scheinen? –, besaßen in Wirklichkeit ein gedämmtes Licht, das nur darauf wartete, seine rechtmäßige Leuchtkraft wiederzuerlangen.*

* Im November 1942 verkündete Professor Bernardo H. Dawson (vom Observatorium der Universität in La Plata) lautstark, eine

Es war gewiß keine leichte Aufgabe. Vor allem in der ersten Zeit läutete ständig das Telefon, und die Direktoren des Unternehmens wußten nicht, wie die Zahl der Kolonnen vergrößern, und sie zeichneten ihnen komplizierte Routen vor, die vom Alpha eines bestimmten Sternbildes bis zu seinem Kappa führten, so daß eine beträchtliche Anzahl von Sternen, die eine Gruppe bilden, gleichzeitig geputzt werden konnte. Erstrahlte ein Sternbild nachts in neuem Glanze, setzte ein Sturm auf das Telefon ein, denn Myriaden neiderfüllter Sterne waren zu allem bereit, um denen zu gleichen, welche die Gesellschaft schon geputzt hatte. Man mußte verschiedene Listen anwenden, wie zum Beispiel die bereits polierten Sterne mit einer durchsichtigen Folie überziehen, die eine gewisse Zeit brauchte, um sich wieder abzulösen, so daß sich erst dann der strahlende Glanz zeigte; oder die Zeit dichter Bewölkung nutzen, wenn die Gestirne den Kontakt zur Erde verloren und sich außerstande sahen, die Gesellschaft mit der Bitte um Reinigung anzurufen. Das Direktorium kaufte jede ingeniöse Idee, die geeignet war, den Service zu verbessern und keine Neidgefühle zwischen Sternbil-

»Nova« entdeckt zu haben, und zwar um 8h. 9½ Rektaszension und um 35°12' südlicher Deklination, »den hellsten Stern in der Region zwischen Sirius, Kanopus und dem Horizont« (LA PRENSA, 10. November, S. 10). Einfältige Geschöpfe! In Wirklichkeit handelte es sich um den ersten – natürlich geheimen – Versuch der Gesellschaft.

dern und Nebelflecken aufkommen zu lassen. Diese letzteren, denen man nur mit kräftigem Bürsten und Schrubben beikommen konnte sowie mit einem Dampfbad, das sie von allen Ablagerungen befreit, drehten sich melancholisch um ihre Achse, eifersüchtig auf die Sterne, die schon zu ihrer schlanken Gestalt gekommen waren. Das Direktorium der Gesellschaft beruhigte sie jedoch mit Hochglanzprospekten, wo zu lesen war: »Das Bürsten der Nebelflecke erlaubt diesen, den Augen des Universums die ewige Grazie einer sich fortwährend verändernden Linie zu bieten, wie Dichter und Maler sie sich erträumen. Alles bereits Definierte bedeutet den Verzicht auf die Vielfalt der Formen, in denen der göttliche Wille sich gefällt.« Die Sterne aber verstimmte dieser Prospekt, und die Gesellschaft konnte nicht umhin, ihnen zum Ausgleich ein hundertjähriges Abonnement anzubieten, das mehrere Gratisreinigungen enthielt.

Die astronomische Forschung geriet in eine so tiefe Krise, daß das prekäre und provisorische Gerüst der Wissenschaft mit Getöse in sich zusammenbrach. Riesige Bibliotheken wurden ins Feuer geworfen, und eine Zeitlang konnten die Menschen in Ruhe schlafen, ohne einen Mangel an Brennmaterial befürchten zu müssen, der in jener Erdepoche bereits alarmierend war. Die Namen Kopernikus, Martin Gil, Galilei, Gaviola und James Jeans wurden in den Pantheons und Akademien gelöscht; an ihrer Statt prangten dort nun in großen, ehernen Lettern die Namen der Gründer der Gesellschaft. Auch die Poesie erlitt einen empfindlichen Verlust; Hymnen an die Sonne, jetzt in Verruf geraten, wurden unter Gespött aus den Anthologien verbannt; Gedichte, die Beteigeuze, Kassiopeia und Alpha des Zentaur besangen, fielen dem dumpfen Vergessen anheim. Eine bedeutende Literatur, die vom Mond, verschwand, wie von gigantischen Besen hinweggefegt, im Nichts; wer erinnerte sich seither noch an Laforgue, Jules Verne, Hokusai, Lugones und Beethoven? Der Mann im Mond legte sein Reisigbündel ab und setzte sich, um lange über das Meer der Launenhaftigkeit zu weinen.

Unglücklicherweise hatte man die Folgen solch großer siderischer Veränderungen in der Zentrale der Gesellschaft nicht vorausgesehen. (Oder hatte das Direktorium, von Profitgier getrieben, von der schrecklichen Zukunft, welche das Universum erwartete, nichts wissen wollen?) Der vom Unternehmen vorgesehene Arbeitsplan umfaßte drei Phasen, denen man sich nacheinander widmete. In der ersten Phase galt es, den spontanen telefonischen Anfragen nachzukommen. In der zweiten, die Gefallsucht der Sterne durch verstärkte Werbung wirksam zu fördern. In der dritten Phase, alle desinteressierten oder bescheidenen Sterne zu putzen, ob sie das nun wollten oder nicht. Letzteres, mit Protestgeschrei aufgenommen, wiewohl auch Stimmen der Ermutigung zu hören waren, wurde von der Gesellschaft, die darauf bedacht war, jedem Stern die Wohltaten der Organisation zukommen zu lassen, unerbittlich durchgeführt. Eine bestimmte Zeit lang schickte man die Kolonnen zusammen mit Stoßtrupps und Belagerungsmaschinen in jene störrischen Gegenden des Himmels. Ein Sternbild nach dem anderen erlangte seinen Glanz zurück; das Telefon der Gesellschaft verstummte, doch die Kolonnen, von blindem Eifer getrieben, setzten ihre Arbeit unermüdlich fort. Bis nur noch ein Stern zu putzen übrigblieb.

Bevor es den letzten Befehl erteilte, stieg das Direktorium vollzählig auf die Dachterrasse seines *skyscrapers* – eine höchst passende Bezeichnung – und betrachtete sein Werk voller Stolz. Alle Menschen der Erde waren in diesem feierlichen Augenblick tief bewegt. Wahrlich, nie hatte man einen solchen Himmel gesehen. Jeder Stern war eine Sonne von unbeschreiblicher Leuchtkraft. Es wurde nicht mehr wie früher gefragt: »Ist dieser Stern deiner Meinung nach orange, rötlich oder gelb?« Jetzt zeigten sich die Farben in ihrer ganzen Reinheit, die Doppelsterne ließen ihre Strahlen in einzigartigem Farbton aufleuchten, und der Mond wie auch die Sonne, in der Menge der Sterne verloren, wurden unsichtbar, aus dem Feld geschlagen, besiegt von der triumphalen Leistung der Sternputzer.

Und es blieb nur noch ein Stern zu putzen. Es war Nausikaa, ein Stern, den nur ganz wenige Gelehrte kannten und der dort oben in seiner trügerischen zwanzigsten Größe ganz verloren war. Wenn die Putzkolonne ihr Werk beendete, wäre der Himmel völlig rein. Die Gesellschaft hätte gesiegt. Sie könnte hinabsteigen in die Grenzen der Zeit, ihres ewigen Ruhms gewiß.

Der Befehl wurde erteilt. Durch ihre Teleskope betrachteten die Direktoren und die Völker mit Bangen den fast unsichtbaren Stern. Nur ein Augenblick, und auch er würde in die Lichtsymphonie seiner Gefährten mit einstimmen. Und der Himmel wäre vollkommen, für immer.

Ein schreckliches Kreischen, wie Glas, das ein Auge schrammt, erhob sich plötzlich in der Luft und breitete sich aus wie eine jähe schreckliche Yggdrasil. Alle Direktoren der Gesellschaft lagen am Boden, preßten ihre Hände auf die Augenlider, und in der ganzen Welt wälzten sich die Menschen auf der Erde, drängten in die Keller, ins Dunkel, mit Fingernägeln und Klingen stachen sie sich gegenseitig die Augen aus, um nicht sehen zu müssen, nur nicht sehen zu müssen, nur ja nicht sehen zu müssen ...

Die Arbeit war beendet, der Stern war rein. Aber sein Licht, das zu dem der anderen, von der Gesellschaft geputzten Sterne hinzukam, übertraf jetzt die Macht des Dunkels.

Die Nacht war jäh abgeschafft. Alles wurde weiß, der Weltraum, die Leere, der Himmel, weiß wie ein Bett, das seine Laken vorzeigt, und es gab nur noch ein totales Weiß, Summe aller reinen Sterne ...

Bevor er starb, gelang es einem der Direktoren der Gesellschaft, ein wenig die Finger zu spreizen und hindurchzublinzeln: er sah den völlig weißen Himmel, und die Sterne, alle Sterne, bildeten schwarze Punkte. Es gab Sternbilder und Nebelflecke. Die Sternbilder bestanden aus schwarzen Punkten und die Nebelflecke aus Gewitterwolken. Und der Himmel, der Himmel war gleißend weiß.

▸ »Die Sternputzer« von Julio Cortázar

Im Hotel Paris zu mögen fiel ihr etwas zu leicht, um es wirklich zu lieben. Sie verbrachten ein längeres Wochenende dort, mehr konnte Hans sich im Moment nicht herausnehmen. Es war der Abend vor ihrem neunten Hochzeitstag, und sie hatten sich gestritten, weil er auch im Hotelzimmer noch arbeitete. Während sie vom Balkon sah, tippte er etwas in sein Notebook. Die Sonne war längst untergegangen, und das Grün der Kastanien auf der Place St. Sulpice sah jetzt dunkel aus, fast schwarz.

Sie dachte an die Bäume zu Hause, die Akazien in ihrem Garten, und daß sie demnächst blühten; zwei von ihnen sollten gefällt werden in diesem Herbst. Kinder, nackte Zigeunerkinder, planschten in dem mächtigen, hell erleuchteten Brunnen. Die meisten suchten Geld, doch eines, ein Mädchen, hockte sich unter die ausladende Marmorschale, wo es kaum noch zu erkennen war, und streckte die Hände durch die herabfließenden Wasserschleier. Winkte es ihr zu?

Sie winkte zurück. Hans wählte eine Nummer, telefonierte mit seinem Prokuristen in Berlin, und Marisa nahm sich einen der zerknüllten Scheine vom Tisch, einen großen, und ging aus dem Zimmer. Mit dem Hörer am Ohr kam er ihr nach und zischte »Habs gleich!« durch den Flur. Er hielt ihr die Schuhe hin, ein Paar aprikosenfarbener Seidenpumps, doch sie drehte sich um und ging barfuß die Treppe hinunter.

Keine Kinder mehr in dem Brunnen, und sie schlenderte ein Stück weit den nassen Spuren nach, bis zum Café du Mairie. Auf der Terrasse waren alle Stühle besetzt, sie trank einen kleinen Weißwein an der Bar. Trotz der Computer mit Fernbedienung gab es noch Blechteller für das Wechselgeld, und mehrmals am Tag wurde Sägemehl auf den Boden gestreut. Das Glas in der Hand, griff sie mit den Zehen da hinein.

Ihr Kleid hatte keine Taschen, und sie ließ die Münzen auf dem Tresen liegen und steckte sich die Noten in den Büstenhalter. Dann ging sie auf den Boulevard St. Germain, der voller Menschen war, besonders vor den Kinos. Sie hatte hier gewohnt, zwei Semester lang, kannte jeden Winkel des Quartiers, und als sie am Mittag vor der Tür ihres ehemaligen Zimmers in der Rue Mazarine gestanden hatte, waren ihr fast die Tränen gekommen. Keinen der Namen an der modernen Klingelanlage kannte sie mehr, die alte Concierge längst tot, im Parterre ein Handy-Geschäft; aber an der Zimmertür noch immer der wackelige, schon vor Jahren mit Draht geflickte Knauf aus geblümtem Porzellan.

Auch die Café-Terrassen auf dem Boulevard waren besetzt, und im Deux Magots und im Flore lagen nicht nur Zigarettenpäckchen und Feuerzeuge neben den Gläsern und Karaffen, sondern oft auch Bücher, Notizbücher, Stifte. Die weißgeschürzten Kellner mit den hochmütigen Gesichtern, die gepflegten Paare an den kleinen Tischen, der Modephilosoph, der sein langes Haar zurückwarf, ehe er über die Schwelle trat, die nervöse Schöne vor dem Geldautomaten, sie alle spielten nach Kräften mit in dieser funkelnden Inszenierung Paris. [Und doch gab es etwas an dem Abend, das einem nicht gleich bekannt vorkam, und Marisa brauchte eine Weile, um herauszufinden, daß es nichts Sichtbares oder Akustisches: daß es das Vertrauteste war. Der Duft der alten, zu beiden Seiten der Straße blühenden Akazien.]

Stärker als der Grillgeruch und die blauen Rauchschwaden über den Terrassen, stärker auch als die Abgase der Autos und Motorräder war er, und das kam ihr ganz wunderbar vor. Sie ging immer weiter über das breite, von den Schatten der Bäume und Äste geäderte Trottoir und schloß ein paar Schritte lang die Augen. Hier blühte alles früher als in Berlin.

Ein Passant zischte ihr etwas zu, es klang obszön, doch sie beachtete ihn nicht. Und dann lagen die Cafés und Restaurants plötzlich hinter ihr, und sie kam in den dunkleren, von keinem Schaufenster mehr erleuchteten Teil des Boulevards, wo kaum noch Touristen flanierten. Durch den Motorenlärm und das Hupen hindurch hörte sie manchmal Musik, eine Gitarre vielleicht. Junge Männer pfiffen und winkten ihr aus den offenen Wagen zu, drehten die Radios auf, und sie lächelte und ging weiter. Sie wollte zu dem alten Schirmgeschäft, Treffpunkt einer früheren Liebe, einem winzigen Laden aus Blattgold und Blech.

Doch sah sie schon von weitem, daß auch dessen Fenster dunkel war. Trotzdem stand eine Gruppe Menschen davor, und wieder hörte sie das Saiteninstrument, elektrisch verstärkt und von einer Trommel begleitet. Fast alle Menschen vor dem Laden, zwei Dutzend oder mehr, schienen Araber zu sein, wohlhabende Algerier. Die Männer trugen polierte Maßschuhe und Anzüge, deren Schultern aussahen, als wären sie mit dem Winkeleisen gepolstert worden; die Frauen hatten Modellkleider mit orientalischem Schmuck kombiniert. Sie waren deutlich guter Laune, kamen wohl von einem Essen, einem Fest, und Marisa lehnte sich an einen Baum, an die rauhe Borke voller Zettel, und beobachtete die Gruppe. Man lachte, klatschte, wiegte sich in den Hüften; man schnippte mit den Fingern zu der Musik, die aus dem Eingang neben dem Laden drang.

Dort, vom Schein des elektronischen Türöffners beleuchtet, hockten zwei Männer, ebenfalls Araber. Der Trommler, der Jeans und ein kariertes Hemd trug, war kaum älter als Marisa, ein zarter Mann mit schütterem Haaransatz, was seine Stirn sehr hoch erscheinen ließ. Sein sanft gebräuntes Gesicht mit der auffälligen Hakennase hatte einen selbstvergessenen, irgendwie demütigen Ausdruck. Kaum je öffnete er die Augen, und die Hände bewegten sich so schnell über die beiden Bongos zwischen seinen

Knien, die Finger- und Daumenkuppen huschten so leicht und scheinbar flüchtig über die Felle, daß man sich wundern mußte über den kraftvollen, oft holzharten Klang, den sie erzeugten.

Der andere Mann war älter. In seinem dichten, struppigen Schwarzhaar gab es silberne Fäden, und er saß im Hocksitz der Orientalen neben einem Verstärker, kaum größer als eine Aktentasche, und zupfte eine schnelle Melodie auf den drei Saiten seines Instruments. Es hatte einen lautenartigen Corpus mit langem Hals und sah sehr kostbar aus. Jedenfalls schien es neu zu sein, und vor dem zweifarbig hellen Holz mit den Perlmutt-Intarsien wirkten die Hände des Mannes verblüffend dreckig.

Was sie waren. Auch seine Kleider, die offene Bolerojacke, das Unterhemd und die helle Pluderhose starrten vor Schmutz. Die Bündchen an den Knöcheln waren ausgefranst, Schuhe trug er keine, und zwischen den Zehen seines rechten Fußes klemmte eine selbstgedrehte Zigarette, von der er, wann immer Spiel oder Gesang es erlaubten, einen tiefen Zug nahm.

Ein kräftiger Mann, vermutlich nicht groß, die Finger jedenfalls waren kurz und dick, und auch die Form des Kopfes ließ einen eher gedrungenen Körper vermuten. Das Weiße in seinen Augen sah trüb aus, krank, der Bart war älter als drei Tage, und die Zähne, die zwischen den vollen Lippen zum Vorschein kamen, waren schief und braun. Außerdem schien er betrunken oder bekifft zu sein. Oder beides.

Doch gab es etwas in seiner Stimme, ihrem Hall in dem Hauseingang, das all dies vergessen ließ; als hörte man sich selbst in einem fremden Traum, einer anderen Zeit. Tief, drohend und so rauh, daß Marisa die Vorstellung von Sand bekam, leichtem Dünensand, der ihr über das Gesicht, über Nacken und Schultern rieselte, war es eine starke, vor Trauer und Erfahrung machtvolle Stimme, um so mehr, als dieser Mann offensichtlich zu den Ohnmächtigen gehörte. Und auch gar nichts anderes wollte.

Er trank Schnaps, irgendeinen Anis, und natürlich verstand sie keins der Lieder, deren Rhythmen und Melodien etwas von dem Schwung und der schönen Strenge arabischer Schriftzeichen hatten; doch konnte es nur um Liebe gehen, um enttäuschte Träume, Bitternis; sie verstand kein Wort und doch alles, das Dunkle darin, das älter war als der Sänger, der Sommer und die Stadt um sie herum, und sie drückte sich ab von dem Baum und stellte sich in den Halbkreis der Zuhörer.

Kehllaute, Gelächter. Es roch nach Knoblauch und Wein, nach Haschisch und Chanel, der Goldschmuck der Frauen klingelte ihr in den Ohren. Die edlen, etwas zu fetten Gesichter der Männer glänzten vor Hitze und Alkohol, und einer legte den Arm um Marisa und steckte ihr eine fast verblühte, am Stiel mit Silberpapier umwickelte Kamelie in den Ausschnitt; dabei zwinkerte er einem anderen zu. Doch sie schloß die Augen, summte und klatschte mit, und es tat ihr fast körperlich weh, wenn der Sänger sich mitten im Lied unterbrach, um einen Schluck aus der Flasche zu nehmen oder einen Vers zu kommentieren.

Aber gerade das schienen die meisten Zuhörer mehr zu mögen als die Musik. Ein beiseite gesprochenes Wort, ein Grunzen zwischen den Strophen oder eine zotig klingende Zurechtweisung des scheuen Trommlers, und man schlug sich auf die Schenkel, applaudierte und kreischte so schrill, daß Fenster geöffnet wurden in den oberen Etagen. »Schieß ab!«

Flüche, Beschimpfungen, eine leere Bierdose von irgendwoher, jemand drohte mit der Polizei. Doch der Sänger reckte die Faust in die Höhe, rief »Vive la France! Vive la révolution!« und spielte weiter.

Selbst wenn er grinste, sah er müde aus, irgendwie erloschen. Je begeisterter das Publikum sich gab, je ausgelassener, desto fahriger klang sein Gesang; oft bewegte er nur noch die Lippen – während seine Finger immer schneller und unkontrollierter über den Instrumentenhals flitzten. Dabei starrte er fast apathisch vor sich hin und schien Anfeuerungen nicht zu hören. Nur wenn er die höheren Töne zupfte, fletschte er die Zähne, stöhnte, schrie, und Marisa, dem Griff des Mannes entwunden, klatschte immer heftiger und überließ sich dem Rhythmus. Ihre Handflächen brannten. Die Blüte rutschte ins Kleid.

Geld fiel auf den Bürgersteig, Münzen, Scheine,

eine goldene Krawattenklammer, doch die Musiker beachteten das nicht, auch nicht, als ein Junge mit seinem Skateboard da hindurchflitzte und es nochmal aufwirbelte. Vielmehr schloß der Sänger die Augen und ließ sich, ohne sein Spiel zu unterbrechen, langsam aus der Hocke vornüber kippen. Jemand lachte auf, und eine Frau, die Brauen hoch gewölbt, hielt sich eine Hand vor den Mund. Berührte aber nicht die geschminkten Lippen.

Der Mann fiel von der niedrigen, schon zu einer Mulde ausgewetzten Portalstufe auf das Pflaster, wo er sich hin und her wälzte und mit den Beinen strampelte, spielend. Man klatschte zwar weiter, wich jedoch Schritt für Schritt zurück vor ihm, fast bis an den Gehwegrand. Die Laute schrammte über den Boden, und Kronkorken, Zündhölzer und Zigarettenkippen blieben an seiner Pluderhose hängen, an der Jacke, im Haar. Sein Gesang war nur noch ein Knurren und Raunen, und auch das Instrument klang plötzlich verstimmt. Nach wilder Trauer, Wut und Durchdrehen hörte sich das an, nach herrlichem Schmerz, und etwas in der Luft richtete die Härchen an Marisas Unterarmen auf.

Zerklirrendes Glas. Das Verstärkerkabel verhedderte sich, die Box schlug um, doch der Sänger kümmerte sich weder um die davongehenden noch um die zuhörenden Leute; er spielte. Auch der Trommler machte weiter, und plötzlich ahnte sie, daß eine winzige Bewegung genügte. Sie wußte es. Daß sie einfach hinaustreten konnte aus diesem Rieseln auf der Haut, aus allem, was sie war und nicht mehr sein wollte, daß sie nur einen Schritt auf den Mann zugehen und ihm die Hand reichen mußte durch den fließenden Sand. Jetzt, hier, für immer.

Sie wurde angerempelt. Kinder, abendselig keuchend, tollten vorbei, und sie wich einen Schritt zurück, über die Granitkante, und erschrak tief, als sie auf eines der gerollten Teppichstücke trat, mit denen man in Paris das Rinnsteinwasser staut. Als träte man auf einen toten Hund. »Warte nur, bis ich dich kriege!« rief ein Mädchen einem davonrennenden Jungen nach. »Dann geht aber die Sonne unter!«

Der Sänger, auf der anderen Seite der Angst, schlug spielend einen Purzelbaum, und vielleicht hatte sie einen Moment zu lange gezögert. Vielleicht hätte sie nicht in ihren Ausschnitt greifen sollen. Das Kabel spannte sich, der Stecker fiel aus dem Verstärker. Und plötzlich klang das Instrument wie hinter einer zugedrückten Tür.

Der Brunnen war ausgestellt, der Mond schien hell, sie ließ den Raum dunkel. Auch als sie abschloß, wurde Hans nicht wach. Auf dem winzigen Balkontisch stand Geschirr, ein Glas, eine halbe Flasche Wein, und sie zog sich aus und legte sich neben ihren Mann, blickte über seine Schulter hinaus.

Stimmen, weit entfernt. Vielleicht auch im Nebenzimmer. Auf einem der Teller lag noch ein Salatblatt, lappte etwas über den Rand, bewegte sich in einem Windhauch. Licht von unten, von dem Namenszug des Hotels schien da hindurch, und sie fröstelte, schlüpfte unter die Decke. Hans, die gefalteten Hände zwischen den Knien, roch nach dem Duschgel, das sie ihm geschenkt hatte, Pino Silvestre. Er schnarchte leise. Doch kaum berührten sich ihre Körper, schreckte er zusammen. »Hm? Was ist?«

»Nichts«, sagte sie und schloß die Augen. »Du hast geträumt.«

▸ »Der Sänger« von Ralf Rothmann

Im Wohnzimmer Ich muss zugeben, dass ich nie ernsthaft damit gerechnet hätte, den Wettbewerb um das beste Filmerzählen zu gewinnen. Mein zweitältester Bruder Mirto, genannt »der Vogel« und bei uns daheim für den Einkauf zuständig, galt allen als Favorit. Auch ich hätte unbesehen für ihn gestimmt. Er war immer fröhlich und redelustig und plapperte den ganzen Tag von dem, was ihm so passierte; er besaß eine Menge Sinn für Humor.

Mein ältester Bruder Mariano hatte dagegen nicht die geringste Chance. Er stotterte wie ein Dieselmotor und wurde deshalb »der Caterpillar« genannt (er kümmerte sich ums Kochen, obwohl er der intelligenteste von uns war und »ernster als ein Wachsoldat«, wie mein Vater sagte). Der Ärmste hatte das Stottern angefangen, als unsere Mutter weggegangen war.

Meinem Bruder Manuel, dem dritten und fürs Putzen zuständig, gefiel das Kino nicht mal besonders. Der Fußball war sein Ein und Alles, der Bolzplatz sein zweites Zuhause; seine Spiele dauerten den ganzen Tag, der Vormittag war die erste, der Nachmittag die zweite Halbzeit, dazwischen gab es eine kurze Unterbrechung fürs Mittagessen. Dass er sich den Ball bei jedem Freistoß an einem Erdklumpen zurechtlegte, hatte ihm den Spitznamen »Klümpchen« eingetragen.

In der Wüste schmückte sich jeder stolz mit seinem Beinamen wie mit einem Schleifchen am Hut; wer keinen besaß, war wie ungeboren, ein Don Niemand, nicht existent.

Mein vierter Bruder, Marcelino, alias »der Buchkopf«, war eine Künstlernatur. Er zeichnete und malte gern mit Buntstiften. Zu Hause war er ziemlich still, hörte lieber zu, als dass er redete. Und seine einzige Aufgabe bestand darin, den Müll rauszubringen.

Dann kam ich, und weil ich eine Frau war, hätte niemand einen rostigen Nagel auf mich gewettet. Die andern dachten, Frauen taugten nur zum Bettenmachen und für den Abwasch (darum kümmerte ich mich im Haus), entsprechend schlecht sah es für mich aus. Und doch gab es drei Dinge, die mir einen Vorteil vor den anderen verschafften, auch wenn ich das damals selbst nicht erkannte. Erstens verschlang ich alles, was ich an Comics über Hopalong Cassidy, Gene Autry, Kid Colt und andere Westernhelden in die Finger kriegen konnte, und die anderen lasen nichts. Außerdem war ich verrückt nach Hörspielserien im Radio, eine Schwäche, die ich von meiner Mutter übernommen hatte, die mit mir auf dem Schoß keine Folge von *Esmeralda, Tochter des Flusses* verpasst hatte. Und das Dritte war etwas, wovon selbst mein Vater nichts wusste: Als ich klein gewesen war, hatte meine Mutter mir zum Einschlafen Liebesfilme erzählt (die mochte sie besonders gern), und das hatte sie bei keinem meiner Brüder getan.

»Das ist mehr was für uns Frauen«, hatte sie gesagt und mir verschwörerisch zugezwinkert, was ich liebte.

Als Erster ging mein Bruder Mariano der Caterpillar ins Kino. Seine Erzählung war ein Desaster. An dem Tag lief ein Kriegsfilm (Deutsche gegen US-Amerikaner), und das Einzige, was man verstand und was der arme Kerl wie geschmiert hinbekam, war das Knattern der Maschinengewehre. Und die Mimik. Die Mimik war eins a. Ich glaube, zu Stummfilmzeiten hätte er es echt gut gemacht.

Mein Bruder Mirto der Vogel erwischte einen Indianerfilm mit Jack Palance. Er erzählte ihn hervorragend. Das Galoppieren der Pferde, die Schüsse, das Kreischen der Indianer, die Rauchzeichen. Uns war, als hörten wir sogar die Pfeile über unsere Köpfe zischen, zassssss! Einziger Nachteil war, dass Mirto alles mit »Ärschen« und »Scheiße« erzählte:

»Wie der Arsch die Pistole zieht und ihr den Kopf wegschießt, ist die Kleine angeschissen, weil die anderen Ärsche sich einen Scheiß darum scheren, ob man die da so arschig ...«

Manuel war bei einem Vampirfilm an der Reihe und hätte seine Sache nicht schlecht gemacht. Doch wurde ihm die Liebe zum Verhängnis. Mit seinen zwölf Jahren war er in die Tochter des Besitzers des bestsortierten Gemischtwarenladens der Siedlung verliebt (er hatte als Einziger meiner Brüder einen

Schwarm) und die eine Stunde vierzig Minuten, die der Film dauerte, musste er die vor Angst kreischende Kleine im Arm halten.

Das mit meinem Bruder Marcelino war das reinste Pech. Er war ja schon von Natur aus nicht redselig (»diesem Kind muss man jedes Wort mit dem Korkenzieher aus der Nase ziehen«, sagte meine Mutter, als sie noch daheim war) und sah dann *Der alte Mann und das Meer*, einen Film fast ohne Dialoge. Seine Erzählung dauerte keine fünf Minuten.

Zwei Wochen später war endlich ich an der Reihe, die kleine Schwester, María Margarita, M M, wie mein Vater mich manchmal nannte. Auch wenn ich keinen offiziellen Spitznamen trug, wusste ich doch, dass mich einige Kinder hinter vorgehaltener Hand Machomarie nannten. Sicher kein sonderlich origineller Spitzname, aber wenn Sie genauer hinsehen, können Sie erkennen, dass er aus zwei Wörtern besteht, die mit M anfangen.

Während der beiden Wochen davor waren etliche gute Filme gelaufen, auch ein paar sehr gute, aber es war kein Geld für die Eintrittskarte im Haus gewesen. Es war Mitte des Monats, und da reichte es knapp fürs Essen und das Fläschchen Rotwein für meinen Vater.

»Wir müssen warten, bis die Rente da ist«, sagte er. Und dann wurde genau an dem Tag, als es so weit war, im Schaukasten des Kinos *Ben Hur* angekündigt, der Film, dem die ganze Siedlung entgegenfieberte.

Meine Brüder drehten durch.

Alle wollten ins Kino. Oder wenigstens sollte Mirto hingehen, sagten sie, der bis dahin am besten den Film erzählt hatte. Aber mein Vater, der ein gerechter Mann war, lehnte ab.

»Jetzt ist María Margarita an der Reihe, und María Margarita wird hingehen. Das ist mein letztes Wort.«

Der Film dauerte drei Stunden. Ich weinte mehr als Sara García, die große alte Dame des mexikanischen Kinos.

Noch nie hatte mir ein Film so gut gefallen. Später erfuhr ich, dass er nicht nur lang, sondern auch der teuerste Film in der Geschichte des Kinos gewesen war. Und dass er elf Oscars gewonnen hatte. Außerdem war Charlton Heston einer von den Schauspielern, die mir am besten gefielen.

Ich kam mit geröteten Augen nach Hause. Alle sahen mich erwartungsvoll an. Schweigend trank ich meine Tasse Tee, trat dann vor und begann, ohne dass mir die Knie oder so gezittert hätten, meine Erzählung.

Da kam etwas über mich.

Während ich den Film erzählte (gestikulierend, mit den Armen rudernd, die Stimme verändernd), war mir, als würde ich mich aufspalten, zu einer anderen werden, in die Haut jeder Filmfigur schlüpfen. An dem Abend war ich Ben Hur, der Held. Ich war Messala, der Bösewicht. Ich war die beiden leprakranken Frauen, die von Jesus geheilt werden.

Ich war der leibhaftige Jesus.

Ich erzählte den Film nicht, ich spielte ihn. Mehr noch: ich lebte ihn. Mein Vater und meine Brüder hörten und sahen mir mit offenem Mund zu.

»Dieses Mädchen ist ja eine Künstlerin«, sagte mein Vater, als ich, restlos erschöpft, meine Erzählung beendet hatte.

Er und meine Brüder waren wie weggetreten.

Und sie hatten verheulte Augen.

Diese Erzählung reichte aber noch nicht zum Titelgewinn. Mein Vater erklärte, es stehe unentschieden: mein Bruder Mirto und ich seien die besten gewesen. Und als überzeugter Demokrat meinte er weiter, die Entscheidung müsse an der Urne fallen. Und durch geheime Wahl.

Mirto würde Kandidat Nummer 1 sein.

Ich würde Kandidatin Nummer 2 sein.

Vier gleich große Zettel wurden geschnitten und an die Wahlberechtigten verteilt (die Kandidaten besaßen kein Stimmrecht). Jeder Wahlberechtigte schrieb die Nummer seines Kandidaten auf und steckte den Zettel in eine Papiertüte.

Dann kam die Auszählung.

Zwei Stimmen für meinen Bruder und zwei für mich (ich ahnte, dass mein Vater und Marcelino für mich gestimmt hatten). Um die Pattsituation aufzulösen, fand mein Vater die gerechteste und vernünftigste Lösung: Den nächsten Film würden mein Bruder und ich zusammen anschauen. Wer ihn hinterher am besten erzählte, hätte gewonnen.

Es war dann so weit bei einem mexikanischen Film mit jeder Menge Lieder; er hieß *Guitarras de medianoche*, und die Hauptrollen spielten keine Geringeren als Miguel Aceves Mejía und Lola Beltrán, deren Stücke in den Schenken der Salpeterarbeiter zu den beliebtesten gehörten. Mein Bruder erzählte den Film zuerst und war witzig wie immer. Vor allem, wenn er den mexikanischen Tonfall nachmachte.

Aber auch ich beherrschte das Mexikanische recht gut, genügend Ranchera-Filme hatte ich in meinem kurzen Leben ja gesehen, und ich erzählte den Film außerdem nicht nur, beschrieb die Landschaften und alles, sondern ich sang auch auf einmal los – die Lieder aus dem Film hatte ich so oft aus den Kneipenlautsprechern gehört, dass ich sie alle auswendig konnte. Meine Zuhörer hatten mich nie singen gehört, und sie staunten nicht schlecht. Auch weil ich es gut machte.

Mein Vater war sprachlos. Vor allem als ich *No soy monedita de oro* sang, ein Lieblingslied von ihm. Da wollte der Demokrat von Wahlen und Volksentscheiden nichts mehr wissen und erklärte mich zur unumstößlichen Siegerin.

»Das ist mein letztes Wort!«, knurrte er, als Mirto einen leisen Protest anmelden wollte.

So wurde ich also zur offiziellen Filmerzählerin des Hauses.

Von diesem Tag an ließ ich das Klickerspielen sein und begleitete auch meine Brüder nicht mehr zum Eidechsenabmurksen in die Salpeterfelder. Stattdessen blieb ich zu Hause, wenn ich nicht ins Kino konnte (weil das Geld fehlte oder meinem Vater die Namen der Hauptdarsteller nichts sagten), übte Stimmenwechsel und vor dem Spiegel verschiedene Gesichtsausdrücke.

Ich wollte die Filme immer besser erzählen.

Im Kino achtete ich jetzt auf Details, die den meisten Zuschauern entgingen; kleine Details, durch die ich meinen Erzählungen mehr Farbe geben konnte: wie verrucht sich die blonde Geliebte des Mafioso die Lippen anmalte, wie der Revolverheld fast unmerklich mit dem Augenlid zuckte, ehe er zog, wie sich die Soldaten im Schützengraben die Zigaretten anzündeten, so dass der Feind das Aufflackern des Streichholzes nicht sah.

Nach einer Weile genügte mir das Nachahmen von Mimik und Stimmen nicht mehr, und ich staffierte mich wie im Theater mit allerlei Zubehör aus. Als Erstes mit den Holzrevolvern meiner Brüder, einem vorsintflutlichen Hut meines Vaters und einem alten Regenschirm, den meine Mutter aus dem Süden mitgebracht und in der Wüste natürlich nie gebraucht hatte.

Irgendwann stellte ich meine eigenen Requisiten her.

In der Schule war ich gut in Handarbeit, also nähte ich jetzt Schleier und Turbane für die arabischen Filme, faltete Fächer für die spanischen und bastelte diese ausladenden Sombreros für die mexikanischen. Ich versuchte mich an chinesischen Säbeln, Armeehelmen, Indianerpfeilen und verschiedenen Masken. Meine erste war eine, mit der ich Zorro nachspielte. Den größten Spaß hatte ich allerdings, als ich mir die kleine Melone, den Stock und das Oberlippenbärtchen von Charlie Chaplin zulegte und damit übte: mein Bruder im Geiste.

Alle Sachen verstaute ich in einer großen Teekiste, die in meiner Reichweite vor der weißen Wand stand.

Eines der Ärgernisse mit unserem Kino in der Siedlung war, dass ständig der Film riss. Wenn das geschah, war das Geschrei im Saal groß. Das Publikum pfiff und trampelte, der Lärm war ohrenbetäubend, man schimpfte auf den alten Filmvorführer, und der war seinerseits nicht aufs Maul gefallen und als Wüterich bekannt und spuckte Gift und Galle über den veralteten Projektor.

»Beschwert euch beim Spaniel, ihr Vollidioten!«, schrie er zornig durch die Fensterchen des Vorführraums. Der Spaniel war der Betreiber des Kinos, der außerdem einen Kleiderladen besaß, das Schlachthaus verwaltete und aus Spanien kam.

Am Ende waren nur wir Zuschauer die Dummen, weil beim Kleben des Films immer und unweigerlich einige Szenen unter den Tisch fielen. Was mir aber nicht viel ausmachte. Zu Hause hatte ich keine Mühe, mir vorzustellen oder zu erfinden, was dem Film abhandengekommen war.

Auch geschah es häufiger, dass der krumme Kurbler, wie sie den Vorführer nannten, die Filmrollen vertauschte (vor allem, wenn er zu tief ins Glas geschaut hatte) und wir das Ende des Films in der Mitte sahen.

Oder den Anfang am Ende.

Oder die Mitte am Anfang.

Ein einziges Schlamassel, und keiner blickte mehr durch.

Wenn das geschah, war die Sache zwar etwas vertrackter, aber richtig viel Mühe kostete es mich auch dann nicht, die Geschichte in meinem Kopf zu sortieren und sie von vorne nach hinten zu erzählen, wie es sich gehört.

Ich glaube, ich war im Grunde einfallsreich wie eine Klatschbase, ich brauchte nämlich nur zwei oder drei Fotos im Schaukasten zu sehen (den lasziven Blick des Priesters, die Unschuldsmiene des Mädchens, das verschwörerische Lächeln der Betschwester), und schon konnte ich eine Handlung erfinden, mir eine vollständige Geschichte dazu denken und meinen eigenen Film ablaufen lassen.

▸ Aus *Die Filmerzählerin* von Hernán Rivera Letelier

Im Bad Die große Liebe meines ehemaligen Lebens schlief immer mit offenen Augen. Anfangs erschreckte mich das, ich zuckte zusammen, wenn ich mich nachts umdrehte und in ihren klaren Blick sah, das tiefe Braun, das sich an eine Ferne richtete, die ich nicht ausmachen konnte, von der ich nicht einmal grobe Vorstellungen hatte. Dieser Blick war das, was ich am besten an ihr kannte, sonst wusste ich wenig von der großen Liebe meines ehemaligen Lebens, fast nichts über ihre Vergangenheit, fast nichts über die versteckten Stellen ihres Körpers, fast nichts über andere Blicke. Die große Liebe sprach nicht viel, ihre Stimme war heiser vom vielen Schweigen, sie räusperte sich oft, ohne dass etwas folgen sollte, auch nachts tat sie das, während ich ihren weit reisenden Blick studierte. Ich hatte viel Zeit dazu. Die große Liebe ging stets früh zu Bett, weil ich für sie keine große Liebe war, was sie erschöpfte und tief schlafen ließ, und mich ließ das ganz und gar nicht schlafen, ich lag neben ihr und sorgte mich um sie, um ihr Glück, das sie bei mir nicht fand. Ich konnte nichts für sie tun, außer über ihren Schlaf zu wachen, aufzupassen bis zum Morgen, damit alles weitergehen konnte.

Es sah friedlich aus, wie sie da lag, wie sich ihre Brust hob und senkte, die sich kräuselnden Wellen auf ihrer Stirn, das gründliche Kreisen ihres Kiefers. Manchmal sprach sie im Traum, murmelte unzusammenhängende Wörter, »So geht das nicht weiter«, zum Beispiel, oder: »Lass mich endlich in Ruhe«, und ich lächelte und strich ihr übers Haar, zog ihr die Decke zurecht und summte leise Beschwichtigendes. Das half meist, sie drehte sich dann um, von mir weg, und schlief stumm weiter bis tief in den Vormittag hinein.

Die große Liebe meines ehemaligen Lebens brauchte viel Schlaf, zwölf Stunden, dann sogar vierzehn, fünfzehn, später wurden es noch mehr, da traf ich sie kaum noch wach an, die Gardinen blieben Tag und Nacht zugezogen, das Licht gelöscht, auf Zehenspitzen schlich ich durch die Wohnung, um sie nicht zu wecken, ich prägte mir ein, welche der Dielen knarrten, und leuchtete mir mit dem Display meines Telefons den Weg. Manchmal fiel der Schein auf die schlafende große Liebe, das zerzauste Haar, ihre aufgerissenen Augen, die mich nicht mehr erschreckten.

Auch an das Schlafwandeln gewöhnte ich mich. Erst unternahm sie nur kurze Gänge in die Küche, ans Fenster, an ihren Schreibtisch, dann begann sie, schlafend mit den Fingern zu trommeln, schlafend zu rauchen, sich schlafend Wein nachzugießen. Sie begann, im Schlaf zu telefonieren, stundenlang mitunter, sie konnte im Schlaf Zeitschriften lesen, sie konnte weinen, ihre Hände in die Hüften stemmen. Sie konnte im Schlaf aufräumen, ihre Schubladen ausmisten, sie konnte Briefe zerreißen und Fotos, die ich am Morgen sorgfältig wieder zusammenklebte oder durch neue ersetzte. Ich wagte nicht, sie aufzuhalten, bei Schlafwandlern muss man vorsichtig sein, und sie bewegte sich mit erstaunlicher Sicherheit, nur ab und an ging ein Teller zu Bruch, meine Tasse, eine Vase an der Wand, noch seltener kam es zu blauen Flecken, nur zu einer einzigen ernstzunehmenden Schnittwunde.

Es konnte passieren, dass sie beim Schlafwandeln die Wohnung verließ und erst Stunden oder Tage später zurückkehrte. Nicht immer gelang ihr das allein. In der Dunkelheit hörte ich heiseres Lachen oder Seufzen und rückte auf der Matratze ein wenig zur Seite, um Platz zu machen. Am Morgen war der Besuch dann meist schon gegangen, und wenn nicht, dann lächelte er mir beim Frühstück oder aus der Dusche freundlich zu, und ich dankte ihm dafür, die große Liebe meines ehemaligen Lebens sicher nach Hause gebracht zu haben.

Auf ihn war Verlass, wenn es ihm auch oft Mühe machte, sie zu finden. Einmal blieb sie zwei ganze Wochen lang verschwunden, und als der Besuch sie endlich nach Hause zurückbrachte, sah sie verstört aus, die Haut gebräunt, das Haar ausgebleicht. »Schlaf weiter«, sagte ich. »Jetzt bist du ja wieder zu Hause«, und die große Liebe räusperte sich.

Es war eine gute Idee, dass der Besuch dann irgendwann einfach blieb. Uns allen dreien erschien das als die wahrscheinlich sicherste Lösung, auch wenn es auf der Matratze nun etwas eng wurde, an meiner rechten Seite die kalte Wand, in der linken die spitzen Ellbogen des Besuchs. Auch er und die große Liebe schliefen unruhiger, wälzten sich hin und her, ab und an schrie jemand auf, und nur in den seltensten Fällen war ich das.

Der Besuch kümmerte sich gewissenhaft um die große Liebe meines ehemaligen Lebens. Er kannte sich aus mit ihrem Schlafwandeln. Er wich fast nie von ihrer Seite, er half ihr beim Ausziehen, er lieh sich meine Hemden, mein Rasierwasser, mein Auto, um sie nicht zu verwirren, um ihr das Gefühl von Vertrautheit zu vermitteln. Wenn sie zu stolpern drohte, nahm er sie vorsichtshalber in den Arm, auch wenn es nur ein leichtes Stolpern war, ein Schritt, eine Regung.

Alles spielte sich ein. Ich musste mir Mühe geben, jetzt nicht nachzulassen, jetzt nicht unachtsamer zu werden, weiter über alles zu wachen, auch wenn ich nun oft sehr müde war. Ständig stieß ich gegen Möbel, die an ungewohnten Stellen standen, weil die große Liebe sie im Schlaf umgeräumt oder durch andere ersetzt hatte, ich stieß gegen anscheinend neu gezogene Wände, gegen einen Hund, den es meines Wissens zuvor nicht gegeben hatte. Zum Kochen kam ich nicht mehr. Ich ernährte mich von den Resten der Mahlzeiten, die der Besuch und die große Liebe gemeinsam einnahmen, stets bei Kerzenschein, um sie nicht aufzuwecken. Ich blieb den ganzen Tag im Pyjama, weil ich meine Kleider nicht mehr fand.

Ich erinnere mich an Jahreszeiten, an einen heißen Sommer oder zwei, an ein Weihnachten mit dem Besuch im schwarzen Anzug und der schlafenden großen Liebe singend vor dem Tannenbaum, ich erinnere mich an einen Fahrradausflug im Frühling, die beiden auf dem Tandem, selbst das gelang ihr mittlerweile im Schlaf, ich vor Müdigkeit immer weiter zurückfallend, bis sie nur noch zwei der Punkte waren, die ständig vor meinen Augen flimmerten.

Mit der Zeit begann meine Pyjamahose lockerer zu sitzen, mit beiden Händen musste ich sie festhalten, ich verlor Gewicht. Nachts passte ich nun fast vollständig in die Lücke zwischen Matratze und Wand, dort wachte ich über den Schlaf der großen Liebe meines ehemaligen Lebens und auch den des Besuchs, wenn er sich ausruhen musste, das hatte er sich verdient. Ich wusste längst nicht mehr, was ich ohne ihn gemacht hätte, denn mir gelang immer weniger, und der großen Liebe gelang im Schlaf immer mehr. Sie konnte schlafend tanzen, schlafend ihre Steuererklärung machen, sie konnte schlafend Kinder bekommen, sie wechselte schlafend Windeln, sie sang schlafend Schlaflieder, sie filmte schlafend irgendwelche ersten Sachen, sie küsste schlafend den Besuch, schlafend stritt sie sich mit ihm und versöhnte sich, sie schlief sogar schlafend, und das konnte sie beruhigt tun, ich passte auf, ich passte ja auf sie auf, ich verließ meine Stellung nicht, hier auf dem Boden, auf den ich irgendwie gelangt war, und von dem ich mich nicht mehr fortbewegen würde, darauf konnte sie zählen. Meine Füße waren mit Sammelbildchen beklebt, die Schienen einer Modelleisenbahn führten über mich hinüber, auf meinen Haaren weideten Spielzeugkühe. Dinge wurden zum Trocknen auf mich gelegt, Dinge wurden auf mir zurechtgeschnitten, wenn Gäste kamen, diente ich als Sitzgelegenheit. Sie konnte auf mich zählen, ich würde weiter Acht geben, ich würde kein Auge zumachen, ich würde weiter wachen, weiter wachen, bis sie ausgeschlafen war.

▸ »Der tiefe Schlaf der großen Liebe meines ehemaligen Lebens« von Tilman Rammstedt

Im Schlafzimmer In jener Nacht flohen wir. Jedenfalls habe ich das so in Erinnerung. Wahrscheinlich war es nicht in jener Nacht, wahrscheinlich war es ein paar Tage oder eine Woche später, aber nach dem Vorfall kann ich mich an nichts mehr in Bermondsey erinnern, nur daran, wie hell der Mond auf den Fluss schien, als ich meiner Mutter barfuß über die London Bridge folgte, meiner zweiten Geburt entgegen. Ich war acht Jahre alt.

Ich weiß, dass wir irgendwann in die Gegend von Ratcliffe Highway kamen, und dort begegnete ich dem Tiger. Alles, was danach folgte, hatte hier seinen Ursprung. Ich glaube an Schicksal. Was die Würfel entscheiden. Das Los. So war es schon immer. Schließlich landeten wir in der Watney Street. Wir wohnten oben unterm Dach in Mrs Regans Haus. Eine lange Treppe führte hoch zur Haustür. Rund um den ebenerdigen Bereich umschloss ein Gitter einen sehr düsteren Ort, wo Männer sich nachts versammelten, Karten spielten und scharfe Getränke kippten. Mrs Regan, eine große, abgearbeitete Frau mit einem bleichen, verschreckten Gesicht, wohnte unter uns, zusammen mit ständig wechselnden Untermietern, meist Matrosen und Schwarzhändlern. Im ersten Stock wohnte Mr Reuben, ein alter Schwarzer mit weißem Haar und einem buschigen gelben

Schnauzbart. Mitten in unserem Zimmer hing ein Vorhang, und dahinter schnarchten sich zwei alte preußische Huren, die Mari-Lou und Silky hießen, leise durch den Tag. Unser Teil des Zimmers hatte ein Fenster, das auf die Straße ging. Morgens drang der Hefegeruch aus der gegenüberliegenden Bäckerei bis in meine Träume. Außer sonntags wurden wir jeden Tag sehr früh vom Karren des Bäckers geweckt, der über die Steine rumpelte, etwas später folgte der Lärm der Marktleute, die ihre Stände aufbauten. Die Watney Street war ein einziger Markt. Es roch nach fauligem Obst und Gemüse, nach altem Fisch und nach den zwei wuchtigen Fleischkarren, die vor der Schlachterei drei Häuser weiter standen, mit den abgeschnittenen Schweineköpfen zuoberst, die Schnauzen in die Luft gereckt. Blut und Pökellake lief über den Gehweg in den Rinnstein, sammelte sich als Pampe unter den Karren und wurde tagtäglich überallhin getragen, in die Häuser, die Treppen hoch und bis in die Zimmer hinein. Meine Zehen glitschten in vertrauter Weise da durch, aber es war auf jeden Fall besser als der vollgeschissene Themseschlamm.

Fliegenfänger hingen über jeder Tür und jedem Karren. Alle waren schwarz und knubbelig von einer Million Fliegen, aber das half nichts. Die nächste Million tanzte fröhlich in der Luft und spazierte über die Kutteln, die der Schlachtergehilfe morgens als Erstes so sorgfältig hauchdünn geschnitten und ins

Schaufenster gelegt hatte. Doch nichts auch nur halb so schlimm wie Bermondsey, das nach Scheiße stank. Dass Bermondsey nach Scheiße stank, merkte ich erst, als wir an den Highway zogen. Ich war ja nur ein Kind. Ich dachte, Scheiße wäre der natürliche Geruch der Welt. Mir kamen die Watney Street und der Highway lieblicher und sauberer vor als alles, was ich bis dahin gekannt hatte, und erst später erfuhr ich zu meiner großen Überraschung, dass andere diese Gegend für ein absolut grausiges, stinkendes Loch hielten.

In der Watney Street konnte man alles kriegen. Unser Ende der Straße bestand aus Wohnhäusern, der Rest aus Geschäften und Kneipen, Marktstände gab es jedoch auf der gesamten Straße. Man bekam dort billig alte Kleidung, altes Eisen, altes Was-auch-immer. Wenn ich an den Ständen entlanglief, war ich auf Augenhöhe mit Kohlköpfen, unförmigen Kartoffeln, Schafsleber, Salzgurken, Kaninchenfellen, Zervelatwurst, Kuhhaxen und sanft gerundeten, schwellenden Frauenleibern. Die Menschen kamen in Scharen geströmt. Und die unterschiedlichsten Leute – ungehobelte, arme – wühlten sich durch die Berge von getragenen Schuhen und Lumpen, wuselten wie die Ameisen, schubsten und drängelten und fluchten, grimmige alte Damen, Kinder wie ich, Matrosen, fröhliche Mädchen und trübselige Männer. Alle schrien. Als ich mich zum ersten Mal da durchschob, dachte ich, verflixt, in diesem Dreck hier möchte ich nicht liegen, und als kleiner Junge konnte man leicht hinfallen. Am besten, man blieb dicht bei den Karren, dann hatte man etwas zum Festhalten.

Ich ging gern für andere einkaufen. Entweder in Richtung Tower oder in Richtung Shadwell. Die Geschäfte waren allesamt vollgestopft mit Zeug aus dem Meer und von den Schiffen, und ich blieb nur zu gern vor den Schaufenstern stehen und lungerte an den Türen herum, um ein wenig vom Duft dieser Welt zu ergattern. Weshalb ich, als unsere Vermieterin, Mrs Regan, mich eines Tages nach Pfeifentabak für Mr Reuben losschickte, der oben wohnte, auch mindestens eine halbe Stunde bis zum Tabakdock brauchte. Ich bekam von einer der Tabakhändlerinnen eine halbe Unze, träumte, wie immer, auf dem Rückweg vor mich hin und dachte mir deshalb nichts dabei, als ein blasses Mädchen mit einer kleinen Schwellung im Nacken ein Tablett mit Kämmen auf den Gehsteig fallen ließ und die Menschen mit einem Mal von der Straße verschwanden, wie von großen Schlünden in Hauseingänge und Seitengassen gesogen oder an Mauern gepresst. Meine Ohren nahmen das Verstummen des gewohnten Highway-Rhythmus, dieses plötzliche Schweigen, als hielten alle gleichzeitig den Atem an, gar nicht richtig wahr. Wie auch? Ich kannte den Highway ja nicht. Ich kannte nur dunkles Wasser und Blasen werfenden Unrat und kleine Brücken über Scheißebächen, die immer schwankten, ganz gleich, wie leichtfüßig man hinübersprang. Diese neue Gegend, diese Matrosenstadt, in der wir jetzt eine Weile hübsch und gemütlich leben werden, Jaffy, mein Bub, wie mir die Mama erklärte, das Ganze hier, überhaupt alles war anders. Schon jetzt hatte ich Dinge gesehen, die ich noch nie gesehen hatte. In dem neuen Labyrinth aus engen Gassen wimmelte es von Gesichtern und Stimmen aus aller Welt. Ein brauner Bär tanzte brav an der Ecke neben dem Wirthaus, das Sooty Jack hieß. Männer trugen Papageien auf der Schulter, herrliche Vögel, scharlachrot, dottergelb, leuchtend himmelblau. Ihre Augen blickten weise und halb amüsiert, ihre Füße waren geschuppt. Über der Ecke Martha Street hing der schwere, parfümierte Duft arabischen Sorbets, und Frauen in Seidenstoffen, bunt wie die Papageien, lehnten in den Hauseingängen, Arme in die Hüften gestemmt, Busen so mächtig wie die Galionsfiguren der Schiffe an den Kais.

In Bermondsey waren die Schaufenster muffig. Wenn man mit dem Gesicht ganz nah heranging und hineinspähte, sah man alte Fliegenfänger, fahle Fleischstücke, staubige Kuchen und Zwiebelzöpfe, deren Schalen auf vergilbendes Zeitungspapier rieselten. Am Highway aber waren die Läden voller Vögel. Ganze Käfigstapel türmten sich übereinander, und in jedem drängten sich Geschöpfe, klein wie Spatzen, aber bunt wie Bonbons, rot und schwarz, weiß und gelb, violett und grün, und manche zart lavendelfarben wie die Adern auf einem Babyköpfchen. Es stockte einem der Atem, wenn man sie so dicht an dicht hocken sah, jeder Flügel gegen den des Nachbarn rechts und links gequetscht. Am Highway saßen grüne Sittiche auf Laternenpfählen. Kuchen und Torten glänzten, Schicht über Schicht, wie Juwelen hinter hohen Glasfenstern. Ein Schwarzer mit Goldzähnen und weißen Augen trug eine Schlange um den Hals.

Woher sollte ich wissen, was möglich war und was nicht? Und als mir dann das Unmögliche in all seiner Schönheit mitten auf dem Ratcliffe Highway entgegengelaufen kam, wie hätte ich da wissen sollen, was zu tun war?

Natürlich hatte ich schon Katzen gesehen. Man konnte nachts in Bermondsey gar nicht schlafen, wenn sie über die Dächer schlichen und dabei ganz fürchterlich kreischten. Sie lebten in Horden, spazierten dürr und mit feurigen Augen über Plankenwege und Holzbrücken und kämpften mit Ratten. Aber diese Katze –

Die Sonne selbst war vom Himmel herabgestiegen und wandelte auf Erden.

So wie die Vögel in Bermondsey klein und braun waren und die meiner neuen Heimat groß und regenbogenfarben, so schienen auch die Katzen von Ratcliffe Highway einer Rasse anzugehören, die unseren mageren Nordufer-Miezen ganz und gar überlegen war. Diese Katze hatte die Größe eines kleinen

Pferds, eine breite Brust, war kräftig-kompakt und rollte mächtig in den Schultern. Sie war golden, und das Muster, mit dem sie von oben bis unten so sorgfältig, so absolut perfekt bemalt war, erstrahlte im schwärzesten Schwarz der Welt. Ihre Tatzen hatten die Größe von Schemeln, ihre Brust war schneeweiß.

Ich hatte diese Kreatur schon irgendwo gesehen, als Bild auf einem Plakat in der London Street, jenseits des Flusses. Sie sprang da durch einen Feuerreifen, und ihr Maul war weit geöffnet. Ein Fabelwesen.

Ich kann mich nicht erinnern, einen Fuß vor den anderen gesetzt, das Kopfsteinpflaster unter den Sohlen gespürt zu haben. Die Katze zog mich an wie Honig die Wespen. Ich hatte keine Angst. Mit einem Mal befand ich mich vor dem göttlichen Gleichmut ihres Gesichts und sah ihr in die hellen, gelben Augen. Ihre Nase war ein Abhang aus samtigem Gold, ihre Nüstern waren rosa und feucht wie die eines Welpen. Sie zog ihre dicken, weiß gepunkteten Lefzen hoch und lächelte, und ihre Schnurrhaare strotzten.

Ich fühlte plötzlich mein Herz viel zu weit oben klopfen, als wäre es eine kleine Faust, die hinaus ins Freie wollte.

Doch nichts auf der Welt hätte mich daran hindern können, die Hand zu heben und die breite, warme Noppe der Nase zu streicheln. Selbst jetzt noch spüre ich, wie herrlich diese Berührung war. Noch nie war etwas so weich und so rein gewesen. Ein Schauer durchzuckte ihre rechte Schulter, als sie ihre

Tatze hob – größer als mein Kopf – und mich träge umwarf. Es war, als hätte mich ein Kissen gefällt. Ich fiel hin, tat mir aber nicht besonders weh, mir blieb nur die Luft weg, und danach war alles ein Traum. Es gab dann, wie ich mich erinnere, viel Geschrei und Gebrüll, aber es klang sehr fern, als wäre ich unter Wasser. Die Welt war auf den Kopf gestellt und floss in einem breiten Strom an mir vorbei, der Boden unter mir bewegte sich, meine Haare hingen mir in die Augen. Ich empfand eine Art Freude, das weiß ich noch – nichts, wozu das Wort Furcht gepasst hätte, nur Wildheit. Ich war im Rachen der Katze. Ihr Atem versengte mir den Nacken. Meine bloßen Zehen schleiften über den Boden, taten undeutlich weh. Ich konnte ihre Tatzen sehen, gelbbraun-orangefarben mit weißen Zehen, die über den Boden glitten, federleicht.

Ich weiß noch, dass ich durch turbulentes Wasser nach oben schwamm, erinnere mich an das Heulen von Millionen Muscheln, an eine endlose, zeitlose Konfusion. Ich war niemand. Namenlos. Nirgendwo. Dann kam ein Moment, in dem ich *begriff*, dass ich nichts war, und das war das Ende vom Nichts und der Beginn der Angst. Ich hatte mich noch nie so verloren gefühlt, auch wenn es noch viele Augenblicke der Verlorenheit in meinem Leben geben sollte. Stimmen meldeten sich, drangen durch das allgemeine Geheul, ergaben keinen Sinn. Dann Worte – er ist tot, er ist tot, er ist tot, um Gottes willen – und, ganz plötzlich, harter Stein, kalt an meiner Wange.

Eine weibliche Stimme.

Eine Hand auf meinem Kopf.

Nein nein nein, seine Augen sind offen, sieh doch, er ist ... *Na bitte !* Braver Junge, lass mich mal fühlen ... nein nein nein, alles in Ordnung mit dir ...

... er ist tot er ist tot er ist tot ...

... schön, da bist du ja, mein Sohn ...

... da bist du ja wieder ...

Und ich werde geboren. Sitze hellwach auf dem Gehsteig, blinzle verstört die Wirklichkeit an.

Ein Mann mit einem großen roten Gesicht und kurz geschnittenem gelben Haar hielt mich an den Schultern fest. Er starrte mir in die Augen und sagte immer und immer wieder: »Na komm, bist ein braver Junge – komm, bist ein braver Junge ...«

Ich musste niesen und bekam Applaus. Der Mann grinste. Jetzt bemerkte ich die große Menschenmenge, alle reckten die Köpfe, um mich zu sehen.

»Ach, du armes kleines Dingelchen!«, rief eine weibliche Stimme, und ich blickte hoch und sah sie ganz vorn in der Menge, eine erschrocken blickende Frau mit zerzaustem, drahtigem Haar und wild stierenden Augen, die durch flaschenbodendicke Brillengläser verschwommen und riesig wirkten. Sie hielt ein kleines Mädchen an der Hand. Die Menschenmenge kam mir vor wie lauter auf eine Tafel geschmierte Gesichter, hingeschmierte Gesichter mit schmuddeligen Körpern, hier und da ein farbiger Klecks, scharlachrot, grün, purpurn. Sie wogte sacht wie das Meer, die Menge, und meine Augen konnten sie nicht festhalten, sie verschwamm völlig, als hätten Tränen sie verwischt – obwohl meine Augen trocken waren –, sie schwamm und bebte und kreiselte mit anschwellendem Lärm, bis irgendetwas meinen Kopf wieder wach schüttelte und ich deutlich – deutlicher, als ich jemals zuvor etwas gesehen hatte – das Gesicht des kleinen Mädchens erblickte, das ganz vorn in der Menge stand und die Hand seiner Mutter hielt, gestochen scharf vor einer Wolke aus Nebel.

»So«, sagte der große Mann, nahm mein Kinn in seine Faust und drehte mein Gesicht zu sich, damit ich ihn anschaute, »wie viele Finger, mein Junge?« Er hatte einen starken ausländischen Akzent. Seine andere Hand hielt er mir vors Gesicht, Daumen und kleiner Finger waren abgeknickt.

»Drei«, sagte ich.

Erneutes beifälliges Gemurmel der Menge.

»Braver Junge, braver Junge!«, sagte der Mann, als hätte ich etwas sehr Schlaues vollbracht. Er stellte mich auf die Füße, hielt mich aber noch an den Schultern. »Alles in Ordnung?«, fragte er und schüttelte mich sanft, »sehr brav, tapferer Junge. Guter Junge! Braver Junge! Allerbester Junge!«

Ich sah Tränen in seinen Augen, die an den Lidrändern hängen blieben, was ich seltsam fand, da er so energisch lächelte und dabei eine vollkommen gleichmäßige Reihe kleiner, strahlend weißer Zähne zeigte. Sein breites Gesicht war ganz nah an meinem, weich und rosig wie gekochter Schinken.

Er hob mich hoch und drückte mich an sich. »Nenn mir deinen Namen, braver Junge«, sagte er, »und dann bringen wir dich nach Hause zu deiner Mama.«

»Jaffy Brown«, sagte ich. Ich merkte, dass mein Daumen in meinem Mund steckte, und zog ihn rasch heraus. »Ich heiße Jaffy Brown, und ich wohne in der Watney Street.« Im selben Moment zerriss ein grässliches Geräusch wie von freigelassenen Jagdhunden, Höllendämonen, einstürzenden Bergen die Luft. Zeter und Mordio.

Das Rotgesicht donnerte: »Um Himmels willen, Bulter! Schaff ihn wieder in die Kiste! Er hat die Hunde gesehen!«

»Ich heiße Jaffy Brown«, rief ich, so deutlich ich konnte, denn inzwischen war ich wieder komplett zurück in der Welt und merkte, dass es in meinem Magen bedenklich rumorte. »Und ich wohne in der Watney Street.«

▸ Aus *Der Atem der Welt* von Carol Birch

Nachweise

Renata Adler – Auf der Terrasse, S. 73.
Aus: Renata Adler, Rennboot. Aus dem amerikanischen Englisch von Marianne Frisch. S. 128-132. Copyright der deutschsprachigen Ausgabe © Suhrkamp Verlag Frankfurt am Main 1979.

Zsófia Bán – Im Taxi, S. 29.
Zsófia Bán, Venus-Transit. Aus: Zsófia Bán, Als nur die Tiere lebten. Aus dem Ungarischen von Terézia Mora. S. 124-132. © Suhrkamp Verlag Berlin 2014.

Zsófia Bán – Im Zoo, S. 144.
Zsófia Bán, Nachtzoo. Aus: Zsófia Bán, Abendschule. Fibel für Erwachsene. Aus dem Ungarischen von Terézia Mora. Mit einem Nachwort von Péter Nádas und Illustrationen von Agnes Eperjesi. S. 103-111. © Suhrkamp Verlag Berlin 2012.

Walter Benjamin – Im Garten, S. 157.
Walter Benjamin, Schmetterlingsjagd. Aus: Walter Benjamin, Berliner Kindheit um neunzehnhundert. Fassung letzter Hand. st 4197. S. 20-22.

Carol Birch – Im Schlafzimmer, S. 253.
Aus: Carol Birch, Der Atem der Welt. Aus dem Englischen von Christel Dormagen. S. 10-18. Copyright der deutschsprachigen Ausgabe © Insel Verlag Berlin 2012.

Emmanuel Bove – Im Café, S. 124.
Aus: Emmanuel Bove, Meine Freunde. Aus dem Französischen von Peter Handke. S. 24-27. Copyright der deutschsprachigen Ausgabe © Suhrkamp Verlag Frankfurt am Main 1981.

Emmanuel Bove – Im Schlafzimmer, S. 7.
Aus: Emmanuel Bove, Meine Freunde. Aus dem Französischen von Peter Handke. S. 7-15. Copyright der deutschsprachigen Ausgabe © Suhrkamp Verlag Frankfurt am Main 1981.

NoViolet Bulawayo – Auf dem Spielplatz, S. 53.
Aus: NoViolet Bulawayo, Wir brauchen neue Namen. Aus dem amerikanischen Englisch von Miriam Mandelkow. S. 49-56. Copyright der deutschsprachigen Ausgabe © Suhrkamp Verlag Berlin 2014.

Teju Cole – Im Park, S. 19.
Aus: Teju Cole, Open City. Aus dem amerikanischen Englisch von Christine Richter-Nilsson. S. 306-312. Copyright der deutschsprachigen Ausgabe © Suhrkamp Verlag Berlin 2012.

Julio Cortázar – Im Bad, S. 15.
Julio Cortázar, Verlust und Wiedergewinnung des Haares. Aus: Julio Cortázar, Südliche Autobahn. Aus dem Spanischen von Wolfgang Promies. S. 494-496. Copyright der deutschsprachigen Ausgabe © Suhrkamp Verlag Frankfurt am Main 1998.

Julio Cortázar – Im Zelt, S. 226.
Julio Cortázar, Die Sternputzer. Aus: Julio Cortázar, Rückkehr aus der Nacht. Erzählungen. Aus dem Spanischen von Rudolf Wittkopf. Ausgewählt und mit einem Nachwort von Clemens Meyer. S. 86-89. Copyright der deutschsprachigen Ausgabe © Suhrkamp Verlag Berlin 2010.

einzlkind – Im Auto, S. 93.
Aus: einzlkind, Billy. S. 37-46. © Insel Verlag Berlin 2015.

Max Frisch – Im Flugzeug, S. 188.
Aus: Max Frisch, Homo faber. Ein Bericht. st 354. S. 16-21. © Suhrkamp Verlag Frankfurt am Main 1957.
Hermann Hesse – In der Bar, S. 209.
Aus: Hermann Hesse, Der Steppenwolf. st 175. S. 209-217. © Hermann Hesse Montagnola 1955.
Maylis de Kerangal – Am Meer, S. 117.
Aus: Maylis de Kerangal, Die Lebenden reparieren. Aus dem Französischen von Andrea Spingler. S. 13-19. © Editions Gallimard, 2014. Copyright der deutschsprachigen Ausgabe © Suhrkamp Verlag Berlin 2015.
Hernán Rivera Letelier – Im Wohnzimmer, S. 237.
Aus: Hernán Rivera Letelier, Die Filmerzählerin. Aus dem Spanischen von Svenja Becker. S. 26-39. Copyright der deutschsprachigen Ausgabe © Insel Verlag Berlin 2011.
Sibylle Lewitscharoff – Am Schreibtisch, S. 40.
Aus: Sibylle Lewitscharoff, Blumenberg. S. 9-19. © Suhrkamp Verlag Berlin 2011.
Andreas Maier – Im Keller, S. 128.
Aus: Andreas Maier, Der Ort. S. 52-55. © Suhrkamp Verlag Berlin 2015.
Patrick Modiano – Am Strand, S. 26.
Aus: Patrick Modiano, Vorraum der Kindheit. Aus dem Französischen von Andrea Spingler. S. 81-84. © Editions Gallimard, 1989. Copyright der deutschsprachigen Ausgabe © Suhrkamp Verlag Frankfurt am Main 1992.
Cees Nooteboom – Am Fluss, S. 166.
Cees Nooteboom, Fluss. Aus: Cees Nooteboom, Briefe an Poseidon. Aus dem Niederländischen von Helga van Beuningen. S. 21-23. Copyright der deutschsprachigen Ausgabe © Suhrkamp Verlag Berlin 2012.

Amos Oz – Am Telefon, S. 138.

Aus: Amos Oz, Eine Geschichte von Liebe und Finsternis. Aus dem Hebräischen von Ruth Achlama. S. 16-20. Copyright der deutschsprachigen Ausgabe © Suhrkamp Verlag Frankfurt am Main 2004.

João Ricardo Pedro – Im Museum, S. 177.

Aus: João Ricardo Pedro, Wohin der Wind uns weht. Aus dem Portugiesischen von Marianne Gareis. S. 171-179. Copyright der deutschsprachigen Ausgabe © Suhrkamp Verlag Berlin 2014.

Arturo Pérez-Reverte – Auf der Fähre, S. 160.

Aus: Arturo Pérez-Reverte, Dreimal im Leben. Aus dem Spanischen von Petra Zickmann. S. 20-23. Copyright der deutschsprachigen Ausgabe © Insel Verlag Berlin 2013.

Tilman Rammstedt – Im Bad, S. 247.

Tilman Rammstedt, Der tiefe Schlaf der großen Liebe meines ehemaligen Lebens. Aus: Lars Claßen (Hg.), Kartographie der Nacht. Geschichten. S. 89-93. © Suhrkamp Verlag Berlin 2011.

Ralf Rothmann – Im Hotel, S. 227.

Ralf Rothmann, Der Sänger. Aus: Ralf Rothmann, Ein Winter unter Hirschen. Erzählungen. S. 187-195. © Suhrkamp Verlag Frankfurt am Main 2001

Judith Schalansky – Im Klassenzimmer, S. 79.

Aus: Judith Schalansky, Der Hals der Giraffe. Bildungsroman. S. 118-125. © Suhrkamp Verlag Berlin 2011.

Samanta Schweblin – Im Zug, S. 170.

Samanta Schweblin, Mein Bruder Walter. Aus: Die Wahrheit über die Zukunft. Erzählungen. Aus dem Spanischen von Angelica Ammar. S. 20-25. Copyright der deutschsprachigen Ausgabe © Suhrkamp Verlag Berlin 2010.